지구와 물질의 철학

친애하는
미셸 세르(1930~2019)를
기억하며

추천사

귀한 책이 나왔다. 이 책에서 릭 돌피언은 특유의 스타일과 리듬으로 그가 '지구철학'이라 부르는 유물론을 제시한다. 이 유물론의 기원에는 스피노자가 있다. 마치 지각이 약해진 기회를 틈타 터져 나오는 마그마처럼, 스피노자주의라는 거대하고도 은밀한 흐름이 기후위기, 팬데믹, 전쟁 등 우리 시대의 위기를 맞아 지구철학이라는 이름으로 다시 분출한 것이다. 지표를 뚫고 나온 용암이 새로운 지형을 형성하듯, 지구철학은 신유물론, 포스트휴머니즘, 에코페미니즘 등 다양한 사상 운동과 교차하면서 새로운 사유를 자극하고 있다. 우리 시대의 지구적 위기로부터 사유를 시작하는 것, 인간과 비인간을 가로지르는 지구를 상상하는 것, 그리고 지구친화적인 삶의 형식을 상상하는 것이야말로 지구철학의 과제다. 이런 과제를 떠맡는 이들을 돌피언은 기하학자라고 부른다. 기하학자는 지구를 탈영토화하는 자, 다른 지구를 발명하는 자, 새로운 지구가 되는 자이다.

돌피언은 들뢰즈/가타리와 도나 해러웨이, 무라카미 하루키와 미셸 투르니에, 소설과 형이상학, 춤과 양자역학을 종횡무진하면서 '지구로 철학하기'가 무엇인지를 흥미롭게 보여준다. 난해한 주제들을 다채로운 사례와 밀도 높은 서술로 풀어나가는 돌피언의 솜씨는 놀랍다. 무엇보다도 《지구와 물질의 철학》은 유물론의 풍요로움을 경험할 수 있는 유익한 형이상학책이다.

문규민(중앙대 인문콘텐츠연구소 HK 연구교수, 《신유물론 입문》 저자)

지진처럼 독자를 뒤흔들면서도, 동시에 몹시 화려한 저술로 다가올 수도 있는 귀한 책. 세계는 지금 부서지고 있고, 부서져 있다. 문학, 철학, 무용, 건축, 지구의 표면과 지층 등 도처에 존재하는 균열들 사이를 능숙하게 추적하는 릭 돌피언의 성찰은 퍽 멜랑콜리해야 함에도(종종 그렇기도 하다), 읽어보면 스피노자주의적 축복의 은총으로 다가온다.

그레고리 J. 세이그워스Gregory J. Seigworth
(밀러스빌 대학교 디지털 커뮤니케이션/문화학 교수)

포스트휴머니즘이냐 휴머니즘이냐라는 극단으로 치우쳐 양극화하는 책이 되기보다는, 그 둘 사이의 커다란 단절을 치유하고 개선하는 데 훨씬 세심한 노력을 기울이고 있는 책이다. 돌피언은 풍부한 문학적, 문화적, 이론적 사례와 논증을 통해, 인간과 세계의 상호작용을 풍요롭게 하는 자연에 관한 설명에 힘입은 상상과 비판의 힘으로써, 기존의 낡은 휴머니즘의 잿더미에서 떠오르는 비판적 휴머니즘을 옹호한다. 이 과정에서, 자연에 관한 이 설명은 비인간이 어떤 존재일 수 있는가만이 아니라, 역사적으로 우리가 생각해온, 인간이란 어떤 존재인가까지를 활기차게 재창조한다.

레자 네가레스타니Reza Negarestani (철학자, 《지성과 영혼》 저자)

차례

감사의 말

통념과는 달리, 어떤 성찰을 글로 쓰는 기술은 고독을 추구하는 애씀이 아니다. 성찰은 일종의 유목학이자 탐험이다. 그 유목학과 탐험 안에서 성찰하는 자는 핵심적인 타자들, 인간과 비인간 동료들에게 전적으로 의존하게 된다. 운 좋게도 나는 이들과 함께 새로운 땅을 탐험할 수 있었다. 우리는 (가라타니 고진은 이렇게 말할 텐데) 유목민이었다. 왜냐하면 우리가 받은 선물은 실제의 것이었고(교환적인 것이 아니었고), 우리가 여행한 땅은 무한했으며, 우리는 하나의 무리를 지어 함께 움직여야 했기 때문이다. 축제와 전시회들, 문화 행사와 컨퍼런스들, 강의와 연구 스테이들은 전에는 상상할 수 없었던 삶과 사건들로, 또한 내가 1년의 상당 기간을 보내는 홍콩으로 또는 네덜란드로 칩거했을 때 나와 함께한 소중한 기억들로 나를 이끌었다.

당연히 나는 나를/내 주변 세계를 바람직한 방향으로 움직여준 '중요한 모든 것'에 감사의 뜻을 전하고 싶다. 그럼에도 몇몇 이름이 언급되어야 하겠다―위트레흐트Utrecht 대학의 동료들에게 감사드린다. 외젠 반 에르벤, 리스베스 그루트 니벨링크, 시그리드 멕스, 이리스 반 데어 튠, 나나 베르호프, 베르테케 발디크에게, 무엇보다도 동료애를 전해주고 내게 학문적 책임을 가르쳐준 로지 브라이도티에게 고마움을 표한다. 장기 명예 교수직(2017-23)을 준 홍콩 대학과 그곳의 내 동료들에게 감사드리고 싶다─이안 홀리데이, 니콜 황, 지나 마르체티, 위니 이, 그리고 무엇보다도 모든 멋진 프로젝트들을 함께 수행해주었고 내가 아는 한 최고의 선생님이 되어준 그레이 코차-린드그렌에게 고마움을 표한다. 커먼 코어 직원 분들과 비교 문학부에도 감사드린다. 또한 안나 마리아 과슈, 크리스티안 알론소 그리고 내게 방문 교수직(2019-20)을 제공해준 바르셀로나 대학의 예술, 세계화, 문화간 연구 그룹에 크게 감사드린다.

미디어와 문화 연구(특히 예술과 사회 내), 인문학 영예 프로그램, HKK-UU 교환 프로그램에 참여한 학생들과 동료들에게 감사드린다. 또한 다음 분들에게 (특정 순서는 없음) 고마움을 표한다─스테이시 엘라이모, 파우 알린사, 카렌 바라드, 조프 브래들리, 안드레아스 브로크만(그리고 V2_), 구스타프 브롬스, 레비 폴 브라이언트, 이안 뷰캐넌, 아서 부에노, 마렌 버트, 제이슨 코, 마크 코켈버그, 펠리시티 콜먼, 크리스틴 다이글, 카밀라 에그테르바크, 토마스 엘러(그리고 타오시추안), 실비아 페르만, 이시스 게르마노, 루트드 그루트, 도나 해러웨이, 베른트 헤르조겐라트, 다니엘 호(그리고 타이 쿤), 이삭 렁(그리고 비디오테이지), 재니나 로, 비르기트 카이저, 강우성, 존 케슬러, 데이비드 큐, 케이티 킹, 김재인, 토브 젤마르크, 주시 코이텔라(그리고 프레임), 카테리나 콜로조바, 보그나 코니오르, 크리스티나 코스켄톨라, 보세 크리슈나무차리, 이택광(알렉스), 안드레아 라인, 웨시 링, 패트리샤 맥코맥, 스튜어트 맥린, 예이츠 노턴(그리고 루퍼트 컨템퍼러리 아트), 티모시 오리어리, 댄 F. 우스트빈, 에이드리언 파, 팀 퍼센트, 브라이언 레이놀즈, 데이비드 로덴, 스타니미르 파나요토프, 스베르 라프쇠, 하리조노 로바나, 마틴 로젠버그, 아룬 살단하, 토니 시, 팀 심슨, 라르스 스퓌브로에크, 매스 로센달 톰슨, 토시야 우에노, 루카스 반 데어 벨덴 (그리고 소닉 아트), 빌럼 반 웰덴, 헤더 웨어, 아그니에즈카 월로츠코, 조 웨이, 네이선 위더, 샤오 유, 그리고 롭 즈바이넨버그.

츠 만 찬에게 감사드린다. 파파이 유로 나잇Papay Gyro Nights에 대해, 당신이 보여준 창조성, 그리고 그 모든 것에 대해. 닉 폴슨에게 (모든 도움에), 엄청나게 재능 있는 오스카 익 롱 찬에게(그의 아름다움 그림들에), 트릭시 챙에게(그의 멋짐과 경이로움에) 감사드린다. 편집자인 리자 톰슨과 블룸스베리의 익명의 검토자들에게 감사드린다. 마지막으로, 나와 전 세계인들에게 자신의 상처를 아름답게 살아내는 법을 보여준 홍콩인들에게 감사드린다.

로테르담과 홍콩을 오가며 2019/2020
릭 돌피언

1

저류 상상하기

이 책의 성찰은, 철학의 관심사는 이성적인 사유(데카르트가 말한 코기토)이며, 비판이라는 수단으로 전진한다는 생각과는 극명하게 대비를 이룬다. 이 성찰의 1부는 우리 시대의 것이 왜 **중요한지/문제가 되는지**를, 우리 시대의 것이 어떻게 **다른 식으로 상상**될 수 있을지를 탐구한다. 그리하여 나로서는 먼저 (대문자) 철학의 역사에서 나 자신을 거리둘 필요가 있는데, 그것은 그 철학의 역사가 '시대와 함께' 발생하는 만물을, 지구가 드러낼 수 있는 만물을 내가 경험할 수 없도록 **가로막기** 때문이다.

나는 내가 '현재the present'라고 부르는 것에 관련된 정치적, 종교적, 경제적 흐름 안에 포함될 수 없는, 야생적이고 길들여지지 않은 사유를 찾고 있다. 철학사에 의해 체계적으로 주변적인 것이 된 철학의 일부를 찾는 것이다. 하지만 그것은 또한 '그 안에 포함'될 수 없거나 그 안에 포함되기를 거부한다. 나는 지구에 대한 믿음과, 지구 안의 모든 인간과 비인간의 삶에 대한 믿음을 언제라도 복원할 준비가 되어 있는 고집스럽고, 본래 그러한, 자연주의적인 사유를 찾고 있다....

만일 우리가 '현재'의 권력을 침탈할 수 있는 철학을 찾고 있다면, 상상(베네딕투스 데 스피노자Benedictus de Spinoza에서 내가 따온 주제)을 그 출발지점으로 삼는, '저류undercurrent'(나는 이렇게 부르고자 한다)를 사유함이 절요하다. 스피노자주의 유물론은 우리의 삶을 어떻게 다른 식으로 살아야 하는지를 보여주는 창조적인 행위이고, **언제나 그러한** 행위였다.

어디로 흘러갈지는 모르지만,
어디에서 시작할지는 알고 있다

베네딕투스 데 스피노자는 사유를 자극하는 개념을 발명하는 능력만이 아니라, 철저히 다른 이해/지각 방식을 우리에게 즉시 보여주는 능력을 지닌, 철저히 다른 지구를 우리에게 제시하는 능력 역시 지닌 드문 사상가에 속한다. 너무도 오랫동안 우리의 환상을 지배하고 있는 지구보다 훨씬 더 아름다운 지구를, 훨씬 더 활기차고 희망찬 지구를—더 지구다운 지구를. 스피노자의 철학은 1677년에 완성되었는데, 이 해는 그가 이른 나이에 사망한 직후, 그의 친구들이 과감하게도 그의 《기하학적 순서로 증명된 윤리학 *Ethica: Ordine Geometrico Demonstrata*》(통칭 《에티카》)을, 스피노자 자신이 생전에 감히 출판할 생각을 하지 못했던 다른 많은 저술과 함께 출판한 해였다. 스피노자의 사상은 그가 살던 시대의 신학자들, 데카르트주의자들, 리젠트파the Regents(특히, 지금도 네덜란드를 통치하고 있는 반 오라네Van Oranje 가문의 추종자들인 '오렌지스트들'/과두정치 통치자들)에게는 너무도 급진적이었다. 달리 표현하자면, 그의 시대를 지배했던 종교적, 휴머니즘적, 자본주의적 현실 안에서는, 스피노자주의가 설 자리란 없었다. 밝고 선별적인 성격의 데카르트주의(휴머니즘)와 반대되는 스피노자주의의 어둡고 연결적인 성격은 기성 질서를 위협하는 모종의 위험 요소로 여겨졌다. 데카르트의 《방법 서설 *Discourse*》을 부르주아지의 성장소설 bildungsroman로 간주한 안토니오 네그리Antonio Negri(1970)가 옳다. 권력자들을 향한 이 책의 호소야말로 데카르트주의가 오늘날까지 지배적인 사유 체계가 된 유일한 이유다.

분명 스피노자의 작품은 권력자를 향한 호소로서는 적당하지 않았을 것이다. 그의 시대에 이것은 중요한 문제는 아니었다. 정반대로, 스피노자주의는 기성의 지배 권력과는 전혀 조화롭지 않았을 것이다. 이와 같은 근본적 권력 거부의 이유는 비교적 단순하다─스피노자주의란 '현재' (나는 이렇게 부르려고 한다)와 관련해서는 기능하지 않는 부류의 사유이기 때문이다. 반대로, 앞서 언급한 세 가지 힘(종교적, 휴머니즘적, 자본주의적 현실)은 일상 세계를 지배하기 위해 서로가 서로를 밀어붙인다. 스피노자주의는 이러한 일의 '일부'가 될 수 없다. 스피노자주의는 현재에는 없을지도 모르나, 저곳에는 확실히 있는 **혁명적** 힘이 아닐 수 없다. 스피노자주의는 모든 시대에 '발생할' 수 있다─그것의 거대한 힘들은 모든 곳에서 기어서 나온다. 이 힘들을 앞으로 나는 '스피노자주의적 저류'라고, 때로는 간단히 '저류'라고 부르겠다.

이 스피노자주의적 저류는 《에티카》의 출판과 더불어 널리 공개되었지만, 그 출판 시점 훨씬 이전에 공표되고 활동하고 있었다. 아마 기원전 6세기부터 그랬을 것이다. 전 세계에서 이 새로운 형태의 사유가 (예레미아, 노자, 헤라클레이토스, 피타고라스, 그리고 아마도 고타마 싯다르타와 더불어) 어떤 걷잡을 수 없는 발전을 이루었던 시점 말이다. 그와 비슷한 방식으로 그들의 동시대인들을 풍요롭게 했던, 덜 신성시된, 이교도적인, 유목적인 주변부 사상가들이 더 많이 있다고 나는 확신한다. 이 특정한 (약 기원전 6세기의) 발전을 구성한 연결점들의 기반이 정치적, 종교적 또는 경제적 인맥은 아니었다고 지적한 가라타니 고진Karatani Kojin([2012년] 2017년)이 옳다. 이 걷잡을 수 없는 발전의 힘은 스피노자처럼 **자연주의와 윤리학의 지도**를 그리는 법을 찾았던 모든 부류의 자유로운 영혼들 사이에서 작동했다. 철학의 기원을 살펴보며 스피노자는 (1995, Letter 56 & 11을 보라) 자신의 사상이 어떻게 데모크리토스, 아르키메데스, 제논, 에피쿠로스, 루크레티우스의 작품들과 공명하는지를 알아낸다. 따라서 사상사 속에서 걷잡을 수 없는 발전이나 다른 형태의 지렛대를 찾아낼 수는 있다 해도, 저류란 시간이나 공간에 갇히는 것이 결코 아님을 곧바로 환기함이 좋을 것이다. 저류는 미처 예측하지 못한 여러 방향으로 흐르고, 언제라도 표면 위로 나타날 수 있다. 저류는 언제든 자유로운 영혼들을 자유롭게 할 준비가 되어 있다.

왜 나는 이 저류를 스피노자주의적 저류라고 부를까? 내가 그리는 사상사의 지도에서 스피노자의 자연주의 윤리학이야말로 저류가 무엇인지에 관한, 가장 정교하고 엄정하고 깊이 있고 지구적인 분석을 제공하기 때문이다. 게다가, 비록 권력자들에 의해 거부되었지만 《에티카》의 출판은 철저히 다른 식의 이해하기/지각하기를 가속화했다. 그리고 이런 식의 이해하기/지각하기는 프리드리히 니체와 질 들뢰즈의 작품들 속에서, 조지 엘리엇(스피노자를 처음으로 영어로 번역한 사람), 마르셀 프루스트, 버지니아 울프 같은 작가들, 앙토냉 아르토Antonin Artaud 같은 공연 예술가들, 고트프리트 라이프니츠, 앙리 베르그송, 알베르트 아인슈타인 같은 수학자들, 야콥 폰 웍스퀼Jakob von Uexküll 같은 생물학자들, 윌리엄 제임스, 질베르 시몽동Gilbert Simondon 같은 심리학자들과 함께 다시 수면 위로 올라온다. 심지어 스피노자의 글이 등장한 지 350년이 지난 오늘날에도, 문화 이론(로지 브라이도티Rosi Braidotti)부터 신경과학(안토니오 다마지오Antonio Damasio), 과학 연구(이사벨 스텡게르 Isabelle Stengers)까지 여러 이론에서, 심지어는 파트리시아 피치니니Patricia Piccinini, 애덤 자레츠키Adam Zaretsky, 나탈리에 예레미옌코Nathalie Jeremijenko 같은 인물들과 함께 21세기의 시작을 제대로 알리고 있는 공연 예술, 설치 예술, 바이오 예술에 대한 증대한 관심과 더불어 되살아나고 있다. 그와 **동일한 날것의 진영구축의** 힘을 지닌 스피노자주의적 저류는 사상 혁명을 일으키며, 모든 분야의 지식을 진동하게 하는 모종의 절박함과 행동주의를 촉발하고 있다.

우리의 주목을 요하는 사상사 속의 이 저류가 **현재적**일 수 없다는 점은 이미 지적했다. 이 저류는 형태를 입기를(주형에 담기기를) 거부하며, 그것이 자유로운 영혼을 낳는다는 바로 그 사실에 의해서만 인식될 수 있다. 역사를 통틀어, 이 저류는 사상사 속에 수다한 전통을 열었고 어디에서나 중요했다. 나의 성찰은 스피노자, 질 들뢰즈, 미셸 세르Michel Serres의 사상과 강하게 뒤섞이는데, 그건 내가 보기에 이들이 나의 신유물론적, 포스트휴머니스트적, 에코페미니스트적 동맹들의 사상과 가장 잘 공명하기 때문이다. 또한 이들의 사상은, **그와 비슷한 정도로** 나와 동행하고 있는 작가들, 건축가들, 행위 예술가, 무용수들의 예술작품들 속에서 조립되고 있다. 이론 진영의 동료들과 함께 물질에 대한 하나의 철학을 상상하는 나의 사유는 끊임없이 예술의 개입을 필요가 있다. 철학과 예술 모두 기생적일(매우 자주 서로에게 기생적일) 필요가 있고, 따라서 나는 스피노자의 명제, 정의, 주해와 병행하여, 무라카미 하루키의 작품 속에 등장하는 인물들의 중요성을 언급해야만 하겠다.

무라카미의 인물들(나카타, 마리에 아키가와, 아오마메, 카프카, 샌더스 대령 그리고 많은 다른 이들)은 **오직** 자기들의 여행 속에서만 존재한다. 이들의 유목적인 이동 궤적은 우리로 하여금 오늘의 현실을 생각하게 하는 **개념들을 자아낸다**. 또한 그 현실을 열어젖혀, 외부로부터의 찬 바람, 비, 환상적이고 뜻하지 않은 것들이 현장에 들이닥치게 한다. '인간의 곤경에 관한 불협화음의 그림'을 우리에게 제시하려는 수많은 일본 전통들 속에서 쓰인, 피폭 이후 일본의 예술작품들은, 내가 보기엔, 우리 시대에 중요한/문제되는 것들의 지도를 가장 그려낼 수 있다. 특히 무라카미의 작품들은 (반대로 이 작품들은 프랑수아 트뤼포의 영화, 듀크 엘링턴, 모짜르트, 레논과 매카트니의 음악과 공명한다.) 이른바 창조된 '소설 속' 인물들이 우리 시대의 문제를 가장 잘 포착한다는 사실을 전례 없이 입증한다.

그렇긴 하지만, 나는 스피노자부터 시작해야만 하겠다. 스피노자주의가 제안하는 이해/지각 방식은 언제나 현재의 현실들에 가장 먼저 개입한다. 스피노자주의는 **시간과 더불어, 현재와 더불어** 발생하는 무언가이다—스피노자주의는 내가 '당대/우리 시대의 것'이라고 부르는 것을 구성한다. 스피노자주의가 공동-창조하는 강렬함, 그것이 가능하게 하는 임시적이고 영원한 '힘들'의 지도를 그리고, 그 위치를 정하는 것 말이다. 이를 보여주는 과정에서 나는 오늘의 종교적, 휴머니즘적, 자본주의적 현실들의 '특정 사례들'은 거의 다루지 않을 것이다. 오히려 나는 현재를 깨뜨려 열어젖히는 균열[틈새]들로부터 시작한다. 온갖 종류의 야생적이고 길들여지지 않은 **예측불허**의 형태들을 허용하는 균열들로부터. 이러한 균열들이 어떠한 다른 삶들을 낳게 될까? 그건 역사도 미래도 없는 삶들, 동일성을 통해서 기능하는 것도 아니고, 차이를 통해서 기능하는 것도 아닌 삶들일 것이다. 지구적이고, 생각된 적 없는 삶들, 본래부터 그러하며, 관계적이고, 운동 상태이며, 탈-인간적인 삶들. 모든 면에서 혁명적인 삶들. 스피노자주의가 우리 시대 안에서 자기를 표현하고 있는 지식의 분야들을 기억해본다면 (현재의 권력들을 깨트릴 능력이 있는) 스피노자주의 외에 과연 다른 유형의 가능한 혁명이 있기는 한 것인지 의아스러울 것이다.

데카르트주의의 역사는
비판의 역사

스피노자가 자신의 데카르트 비판을 어떻게 시작하는지 이해하기 위해서는, 스피노자에게 세계란 고정된 실체들로부터 시작되지 않는다는 점을 지적하는 것으로 시작해야 좋다─즉, 그가 보기엔 주체는 존재하지 않는다, 대상물(객체)이 존재하지 않는 것처럼. 좀 더 공식적으로 표현하면, 스피노자에게 외부 세계(거대한 외부the Great Outside)는 그것이 신체를 **정서적으로 움직이는 방식으로만**[*] 존재하고, 신체는 그것이 외부 세계에 의해 **정서적으로 움직이는 방식으로만** 존재한다. 우리의 포식자 쌍안경의 시선(그리고 그 시선이 접힘을 날카롭게 하는 '끄트머리 자르기')과 우리의 불쌍

---

[*] 동사 affect의 번역으로, 이 동사는 정동, 감응, 정서 등으로 흔히 번역되는 affect를 함축하기에 이렇게 번역했다. 후자인 affect는 (주로는) 신체의 정서가 움직임/감응함을, 또는 움직이고 감응하는 신체의 정서를 지시하며, 그런 의미에서 (기본적으로는) '정서감응[력]/감응정서'(때로는 정서감염[력])이라는 번역이 적당하다고 생각한다. [이 책의 각주는 전부 역자 주이다.]

한 코와 우리의 뻣뻣한 목과 우리의 숙련된 손을 통해서 우리는 우리의 외부에 형태를 부여하면서 동시에 우리의 신체에 형태를 부여한다─우리는 대상물을 상상하고 우리의 입맛과 성향을 신뢰하는 것이다. 우리는 어디에나 있는 (동일한?) 눈송이를 상상하고, (동일한?) **다른** 모든 곳을 상상한다. 제 실험실에 갇힌 물리학자들은 빛을 입자로…또는 파동으로…또는 그 둘 다로, 동시에 상상한다. 우리는 오직 신체적 정서감응/정서감염을 통해서만 사유를 생산할 수 있다. 반면, 그 신체 자체는 외부 신체들에 의해 정서적으로 움직이는 방식으로써만, 그것이 무엇인지 알려질 수 있다. (예컨대, E2P19 참조) 이것이 의미하는 것은, 신체에 '관한' 생각이 그 신체의 상황적, 관계적 실존에 중대한 결과를 초래한다는 것이다. (그 역도 참이다.) 이렇게 스피노자는 데카르트의 **상대적** 상대성(**모든 것**이 인간의 정신, 코기토, '나는 생각한다'는 것으로 시작된다)과는 반대로, 우리에게 **절대적** 상대성(신체와 정신이, 그뿐만이 아니라 주체와 대상물이, 내부와 외부가 각기 서로에게 중대한 결과를 초래한다)을 제공한다.

오직 관계만이 실제로 존재하기 때문에, 혹자는 무엇이 '이 생명'을 계속 움직이게 하는지 궁금할 것이다. 개체를 정의할 때, 스피노자는 개별 사물들이란 유한하며 특정한 실존을 보유한다고 먼저 지적한다─즉, 그들은 각자 하나로서 기능한다. (2D7을 보라) 하지만 그는 여기에 무언가를 덧붙이는데, 이것이 가장 중요한 대목이다―그 어떤 개체도 반드시 일련의 개체들로 구성되는데, 이러한 개체들의 연속은 끝이 없다. 이런 식으로 스피노자는 개체를 출발지점으로 삼지 않는다. (유기적 통일체 또는 하나의 '사물' 또는 '대상'을 출발지점으로 삼기는 하지만. 이 점에 관해선 이 책 후반부에서 다시 논하겠다.) 대신 그는 개체 (또는 더 정확하게는, 그 어떠한 개체성이라도)는 본래부터 그러한 자이면서도 창조적인 것이라고 주장한다. 개체는 본래부터 그러한 자다. 왜냐하면 그 개체가 그 전에 어떤 모습인지 우리에게 말해주는 그 어떠한 '규정'도 존재하지 않기 때문이다. 이것은 곧, 스피노자의 경우 '유기체'도 속genus이나 종species도 존재하지 않는다는 것을 의미하며, 이를 포스트-68 이론 식으로 말해보면, 출발지점으로서의 성별, 피부색, 계급, 연령 (따라서 해방시킬 성별, 피부색, 계급, 연령 등)은 존재하지 않는다는 것을 의미한다. 특정 개체들 사이에는 고정된 관계란 존재하지 않는다―어떤 상황 속에서 어떤 이에게 음식인 것은 다른 이에게는 독이고, 그 역도 마찬가지다. 다시 말하지만, 이것은 일종의 절대적 상대주의다―**모든 것은 관계들 내의 관계들이다.**

스피노자의 개체는 "하나의 행위 안에 통합되는 것" 또는 "하나로서 기능하는 것"이면서 (다시, 예컨대, E2D7를 참조할 것) 이러한 관계들이 변하는 방식에 따라 제 현실을 (능동적으로, 수동적으로) 바꾼다. (즉, 개체는 특정한 '사물들'에 좌우되지 않는다.) 이와 같은 변화라는 현실의 개념을 기초 삼아, 스피노자는 그 어떤 개별적 되어

감의 **본질**도, 그 개체가 언제든 자기 존재를 보존하려고 한다는 관념에 기반해 있다고 말한다. 본질Essence은 그 고전적 용법에 따라 이해되어야 한다—즉, (세네카에 따르면) 키케로 역시 제안한 것으로서, '에세esse'의 (존재하지 않는) 현재형('essens'를 만들고 있는, 그것이 되고 있는 것)으로서. 개별적 되어감의 본질이라는 개념은, 개체가 (예외 없이) 어떻게 변화라는 현실에 따라 존재하게 되는가뿐만이 아니라, 그와 동시에, 그 개체가 변화라는 그 현실을 어떻게 실제로 살아낼 것일지 알아내려 한다는 점 역시 포착한다. 그러므로 모든 개체(힘)는, 살아남기 위해서는, 오늘날 우리가 열역학 제2법칙이라고 부르고 있는 것(엔트로피를 설명하며 모든 계의 상태가 악화된다고 말하는 법칙)과 부합하는 방식으로, 부단한 변화라는 현실 속에서 새로운 실존의 양식을 예비하도록 강제된다.

자, 그렇다면 스피노자의 사유에서 이 개체는 대체 무엇'일까? 첫째, 스피노자에게 하나로서 기능하는 것이라면, 자기 존재를 보존하려는 목표를 지닌 것이라면, 그것이 무엇이든 개체일 수 있다는 것을 기억해두자. 이 개체는 어떤 한 인간일 수도, 인간 집단일 수도 있다. 그것은 하나의 구름, 섬, 경계면이나 생태계일 수도 있다. 그것은 또한 우리가 잠정적으로 동물과 식물(말벌과 난초)의 유대라고 부를 수 있는 것일 수도 있고, 구름과 인간 사이의 연민일 수도 있다. 또는 베이트슨Bateson(2002, 317)을 염두에 두고 말해본다면, 어떤 나무를 쓰러뜨릴 때 발생하게 되는 '체계', 즉 쓰러뜨리는 행위에 동반되는 물질적 일시결합물*, 즉 '나무-눈-뇌-근육-도 끼-타격-나무' 사이의 체계일 수도 있다. 왜냐하면 이 체계는 또한 하나로서 기능하고, 베이트슨(ibid)이 거듭 강조하듯, 그 단일상태 (서로에게 작용하는 변형과정들의 세트)에서 **생각**하기 때문이다. 현대 신경생리학의 발전도, 특히 순수히 수학적으로 분석될 경우, 그리고 생각하기[사유하기]가 오직 뇌에서만 발생한다는 (데카르트식의) 신경과학의 주요 편견을 수용하지 않을 경우, 이와 유사하게, 제 초점을 변형과정에 두고 있다. 별로 놀랄 것도 없지만.

철학의 역사에서 어쨌든 그토록 중요한 역할을 했던 하나의 사상 체계를 손에서 놓아버리기란 쉬운 일은 아닐 것이다. 하지만 스피노자의 세련되고 우아한 생태론을 데카르트의 거칠고 둔한 인간중심주의와 비교해보면, 정말이지 단 한 사람이라도 데카르트를 진심으로 믿은 적이 있었던 건지, 우리는 의문스럽다.

---

* assemblage. 정서감응적[정서감염적] 신체들이 일시적으로 결합하여 만들어낸 임시적 물질을 뜻한다. 흔히 '배치'로 번역되나, 이 책에서는 '일시결합물' 또는 '아상블라주'로 번역한다.

왜 오늘의 세계는 지금
다른 방식의 생각하기를 요청하나?

세계를 데카르트적 몽상에서 분리하면서 미셸 세르는 우리 시대에 그 누구보다도 훌륭하게, 스피노자가 우리에게 알려주는 변형의 과정에 날카롭게 집중한다. 갸론Garonne* 강변에서 자란 세르는 갸론 강을 그저 흐르는 하나의 강으로가 아니라, 자신이 후반생을 살았던 곳인 뱅센Vincennes에서 그리 멀리 있지 않은 한 명의 친구이자 어머니, 자매로서 봐야 했다. 갸론 강은 언제나 그 자신 안에서, 그의 몸 안에서, 그의 사유 안에서 흐르고 있었고, 그건 불가피한 사건이었다. 갸론 강은 그의 관념 전부 안에서 활동하고 있었고, 동시에, 그의 관념 전부는 그 대상으로 갸론 강을 (반드시) 품고 있었다. 그리하여 그는 이렇게 결론짓는다―"내가 생각할 때, 나는 내가 생각하는 것, 바로 그것이 된다" (Serres 2015, 21, 저자의

---

* 스페인과 프랑스의 국경지대인 스페인 지방의 산들에서 발원해 톨루즈, 아쟁 등 프랑스 남서부 지역을 지나 보르도를 거쳐 대서양으로 빠져 나가는 강이다.

번역). 무라카미는 다르게 말하지만, 전하려는 바는 똑같다. 「독립 기관[장기] *Independent Organ*」이라는 단편소설에서 의사 도카이는 우리에게 수많은 질문을 던지지만, 마지막엔 우리로 하여금 딱 한가지만 생각하게 만든다—"이 세상에서, 나란 **무엇인가?**"(2018, 144, 강조는 저자).

이 체계가 유발하는 관념들은 그 통합된 신체로부터, 확립된 그 단일상태로부터 발생하며, 자신의 신체를 자신의 대상물로 보유한다. 바로 이런 이유로 나는 나는 스피노자를, 스피노자주의적 저류를 필연적으로 유물론적 혁명이라고 부른다. 여기서 나는 '유물론적'이라는 말을 이중의 의미로 사용한다. 첫째, 비데카르트적 기하학으로부터 출발한다는 의미로, 즉 대문자 '주체Subject'라는 출발지점도 없고 그와 관계맺는 대문자 '대상Object'이라는 지점도 없다는 의미로. 둘째, 물질matter과 중요한 것/문제되는 것/물의를 빚는 것what matters에 대한 관심과 그 둘을 구별하지 않음의 번역인 '본래 그러함'으로부터 출발한다는 의미로. 물질(matter, 명사)과 중요하다/문제되다(to matter, 동사)는 결국 같은 것이다.

나는 우리 시대의 두가지 유형의 사상(데카르트주의적인 비판적 관점과 스피노자주의적인 유물론)의 근본적 차이를 유지하고 싶다. 비록 여기에서 실수하지 않기란 매우 어렵다는 점을 지적해야 하겠지만 말이다. 처음 보기에 스피노자주의처럼 보이는 것은 더 철저한 분석을 통하면 매우 데카르트주의적인 것으로 드러날 수 있

다. 또한 물론 그 반대의 경우도 그만큼이나 종종 발생한다. 대중
과학 책 속에서, 예컨대 '생각하기[사유하기]'를 재개념화하는 식물
이론을 생물학자들이 이해하는 방식에서 특정 형태의 스피노자주
의가 작동하는 것처럼 보인다. 다니엘 샤모비츠Daniel Chamovitz 같
은 학자들은 식물이 단지 감지능력이 있을 뿐만 아니라 (이것은 우
리가 이미 다윈에게서 읽은 것이다.) '식물이 알고 있다'고 주장한다
(Chamovitz 2012, 137). 샤모비츠는 뇌에서, '의식'이나 '지식'에서 출
발하지 않는다. 샤모비츠는 정서감응/감응정서affect에서, 식물이
자신을 둘러싸고 있는 향기에 반응하는 방식에서, 감촉당함에 반
응하는 방식에서, 중력을, 그들 '자신만의 과거'를 인지하는 방식
에서 출발하는 듯하다. 그러나 샤모비츠의 생각이 (암묵적인) 데카
르트주의적 주체성이라는 관념으로 회귀하지 않으려면, 생각하기
[사유하기]는 식물 '내부'에 있어서는 안된다.

생각하는 것what thinks은, '그것의' 색채와 '그것의' 형태 사이에서
일어나는 변형transformation 바로 그것이다. (여기서 '그것'은 그러므
로 식물을 지시하는 것이 아니다. 이러한 관념의 대상인 그 물질적 아상
블라주 전체, 즉 자연을 지시한다.) 또 다른 예로, 생각하는 것은 태양
과 그 잎 사이에 존재한다. 그런 점에서, 더욱 흥미로운 것은, 에두
아르도 콘Eduardo Kohn 같은 인류학자들이 숲이 생각하는 방식을
보여주는 방식이다. 콘은 (아마존 가운데 에콰도르 땅인) 아빌라Ávila
주변의 숲이 어떻게 활물인지를 분석하면서, 이 숲들이 "창발하는

의미의 장소"를 품고 있다고 강조한다. 콘은 스피노자주의적 '본래 그러함'에 관한 기하학을 수행하면서, 영성에 관한 고대의 애니미즘적 관념과 오늘날의 '포스트유기체적인' 신경생리학을 융합한다. 콘의 사유는, 브라이언 마수미Brian Massumi(2014, 31)가 "창조적인 신체 만들기creative bodying"라고 부른 것의 실재를, 그리고 '살아진 것'으로서의 그것의 활물성을 보여준다.

콘이 암시하는 것은 정확히 로지 브라이도티(2019)가 내내 강조하고 있는 것이다—'선주민의 지식'과 그것이 데카르트적 인간중심주의에 제공하는 대안들은 우리의 과거로 여겨져서는 안된다는 것, **그것들이 우리의 미래라는 것**. 우리에게 가능한 유일한 미래, 라고 나는 덧붙이고 싶다.

저류는 여러 예기치 못한 방향들과 차원들 속으로 여행한다. 카렌 바라드Karen Barad(2007a)가 우리에게 보여주듯, (19세기 전기역학과 상반되는 것으로서의) 오늘날의 양자역학은 상관관계들correlations에는 물리적 실재성이 있지만, 그 관계들이 관계맺는 것들은 그렇지 않다고 주장하는데, 이런 주장은 스피노자주의와 공명한다. 스피노자주의가 (이런 공명이 일어나는 몇몇 영역을 거론하자면) 오늘날의 바이오아트, 후생유전학, 환경보호활동과 어떻게든 공명하는 것처럼. 정보화학물질semiochemicals과 시각적 기호visual signs가 새로운 신체를 구성하고 새로운 동맹(예를 들어 말벌과 난초와 관련된 번식 체계)을 빚어내는 방식을 보여주는 연구 역시 유물론 철학 안의 이러한 흐름에 부합한다. 그리고 고생물학자들(예: 사이먼 콘웨이 모리스Simon Conway Morris [2003])이 호수, 물고기, 돌, 수초들만이 아니라 바람과 온도 역시 한곳으로 모이는 현상을 연구할 때, 각기 다른 지리적 장소들에서, 비슷한 생태-영역들이 어떤 식으로 비슷한 유기 생명체들(충분히 흥미롭게도, 유전적으로는 서로 관련이 없는)을 발생시키는지 보여줄 때, 이들 역시 데카르트적/근대적 사유가, 그것의 표현형식 그 모두에서, 일종의 사기임을 보여주고 있지 않는가?

샤모비츠와 콘, 그리고 학계 안쪽과 바깥쪽 모두에 있는 다른 많은 사상가들과 예술가들은 우리 안에 너무도 깊이 박혀 있는 데카르트주의/모더니즘을 의심하는 일과 관련된 매혹적인 작업을 수행하고 있다. 그렇긴 하나, 생각하기[사유하기]를, 사유를 재개념화하는 작업에 관한 한, 스피노자야말로 아직까지도 모든 사상가들 가운데 가장 혁명적인 사람이다. 1674년 10월 샬러Schaller에게 보낸 편지(Letter LXII[LVII])에서 그는 하나의 돌도 움직이는 동안은 일정한 형태로 생각하고 아는 능력을 갖추고 있어야만 한다고 주장한다. 그 돌 역시 제 환경에 반응하고, 그것으로 인해 발생하는 변형들을 경험하며, 제 존재를 계속 보존하기 위해서 제 힘 안에 있는 모든 것을 동원한다!

결론은 이렇다—데카르트적 이분법에서 우리 자신을 해방한다는 것은 곧 "관념의 질서와 연결관계와 사물의 질서와 연결관계는 동일한 것"(2p7)이라는 발상을 실천한다는 것을 의미한다. 우리는 오늘날의 스피노자주의자 피에르 프랑수아 모로François Moreau(1994, 310, 저자의 번역)가 결론내린 것처럼, "말은 신체적 움직임"이라는 점을 이해해야 한다. 민주주의의 생명이 일종의 물질적 조직과 관련되는 것처럼 말이다. 특정 시대의 모든 좋은 아이디어들은 지구에 새로운 층들을, (그 위에서) 새로운 형태의 생명이 발달할 수 있는 새로운 층들을 빚어낸다. 모든 신체들과 그것들의 관념들은 언제나 매우 "뜻하지 않은" 일련의 물질들로부터 출현한다. 이 일련의 물질들은 그것 각자가 실체로서 단일자이기에(우리가 그것들을 "유기적"이라고 이름 붙이기에) 결합되어 있는 것이 아니라, 나는 이렇게 표현하고 싶은데, 그것들이 "어린 시절을 공유"하기 때문에 결합되어 있다. 능동적이든 수동적이든, 그들은 함께 기능해왔고, 그들의 관계는 중요했고, 어떤 식이든, 그들이 살아남는 것은 (오직!) 이 관계에 따라서이다. 그리하여 근대의 이분법은 세계에 관한 그릇된 (데카르트적) 가정에 기초해 있다고(파스칼이 일찍이 말했듯 그 가정은 불확실하고 쓸모없는 것이다.) 강조하며 브뤼노 라투르Bruno Latour가 우리를 납득시키듯, "우리는 결코 근대인이었던 적이 없"지만, 이 모든 이분법은 **그것들의 결과에서는 줄곧 실제였다.** (그리고 계속해서 실제로 드러나고 있다.) 대멸종, 우리 지구의 새로운 최상층이 될 조짐을 보이는 플라스틱돌덩이, 대기 중 이산화탄소 농도의 어마어마한 증가⋯**오늘의 이 모든 위**

기가 우리에게 모더니즘의 도착적 현실을 보여준다.

"기이한 고요가 있었다." 레이철 카슨([1962] 2000, 22)은 예언자적인 책 《침묵의 봄》에서 이렇게 썼다. 카슨은 "지구상 생명의 역사가 생명체들과 그 주변환경 간의 상호작용의 역사"(23)라는 사실을 우리가 인식하지 못하게 되리라고 예견했다. 우리의 유일한 목표가 된 이윤 증대에 눈 멀게 됨으로써 우리의 농경지는 고요하게 되었는데, 원인은 단작 농업(살충제나 카슨의 표현으로는 "살생물제biocides"의 대대적 사용을 통해서만 유지되는 농업)이었다. 그런 후, 우리의 목초지를, 감염(광우병, 돼지열병, 조류독감, 그리고⋯코로나19)에 대한 두려움 속에서, 깨끗이 비우는 데도 그리 오랜 시간이 걸리지 않았다. 지금 우리는 우리 자신의 (지나친 스테로이드를 섭취하는) 소비를 위해 지구상의 포유동물 전체의 40%를 헛간에 가둬두고 있는 것이다. 2021년인 지금은 어떤가. 바이러스에 대한 두려움으로 우리의 도시를 깨끗이 비우고 있다. 이것이야말로 우리 시대의 역설이다—우리는 결코 근대인이었던 적이 없지만, 현재 어디에나 있는 **모더니즘의 폐허**에서 살아갈 새로운 방법을 찾아내야만 한다는 것.

물론, 우리가 성공하지 못할 가능성은 매우 높다⋯.

휴머니즘
다시 쓰기

미셸 세르의 갸론 강 이야기와 더불어, 숲에 관한 콘의 글은 어떻게 활물인 자연 안에 우리가 잠겨 있는지를, 어떻게 활물인 자연이 우리 안에 잠겨 있는지를 어쩌면 가장 설득력 있게 보여준다. 또한 어떻게 자연과 우리의 이 관계가, 우리의 안에도 밖에도 있는 본래적 단일성 안에 생각과 관념을 유발하는지도 보여준다. 이것은 동시대의 본래적 신체들과 그 관념들이 왜 유기체적인/비유기체적인 것, 자연적인/기술적인 것으로, 또는 데카르트주의가 지구를 조직하는 원칙인 이러한 대립항 중 어느 것으로도 분할될 수 없고 분할되어서도 안 되는지를 보여준다. 이것은 곧 관계들이 아니라 '인간의' 관점에서 출발하는 휴머니즘이 아예 불가능함을 보여준다. 지금은, (라투르에 메아리를 보내자면) 우리가 언제나 휴머니티 '이전이나 이후에만' 있었고 있음을 깨달아야 할 시점이다──우리는 결코 **인간**'이었던' 적조차 없음을.

이 점을 더 적절한 유물론적 방식으로 표현해보자──누구도 출생 그 자체로 인간이 되지는 않는다. 반면, 우리의 삶의 표면들 위에 결합되었던 그 모든 것과 우리는 어린 시절을 공유했었다. '인간'을 그 출발지점으로 수용하기를 거부하는 스피노자주의적 유물론은 다음과 결론에 도달하지 않을 수 없다—제 존재를 보존하려고 하는 모든 신체는 그 자체로 필연적으로 좋은[선한] 존재자이며, 그들 자신에게 좋은[선한] 신체들과 새로운 공명을, 새로운 동맹을 창조함으로써, 좋음[선함]에 관한 자신들만의 특정한 관념을 강화하는 길을 모색한다는 것. 그들은 자신들의 행위 능력을 증대시키고, 자기들의 고유한 본성의 필요에 의해서만 존재하고자 하며, 뭔가를 행하려는 결정은 그들 각자 홀로 내린다는 것.

스피노자주의적 유물론은 1968년 이래 되살아났는데, 그 출발지점은 '인간'에 관한 우리의 정의에 들어맞지 않는 동료 인간들을 강력히 옹호하는 것, 휴머니즘이 위하지 못했던 이들에게 우리를 주목시키는 것, 우리로 하여금 여성, 흑인, 노년층, 성소수자, 아울러 환자, 상처와 트라우마 지닌 자들을 다시금 생각하게 요구하는 것이었다. 보다 최근에, 하지만 여전히 1968년에서 영감을 받은 채로, 유물론은 동물적인 신체들, 자연적인 신체들 그리고 비-유기체적인 신체들로 관심을 돌렸다. 하지만 이 유물론적인 재고rethinking는, 그것이 잘 수행된다 해도, (비판적 사유 또는 데카르트주의와는 반대로) 지배적 권력 형태와 관련해서는 그다지 잘 수행되지 않는다는 점을 아는 것이 중요하다. 그러한 재고는 데카르트주의에 대한 대응에만 자기를 국한시킬 수 없는데, 왜냐하면 다시 말하지만, 그렇게 되면 자기를 그저 해방의 철학에만, 상대적인 변화에만 국한시키게 될 것이기 때문이다. 앞서 강조했듯, 스피노자주의 유물론은 철저히 이질적인 풍경을, 이전에는 우리가 알지 못했던 철저히 다른 형태의 삶을 구체화하며, 언제나 유목적이고 포용적인 존재로서 살아왔다. 브라이도티(2019)가 옳다—스피노자주의 유물론은 언제나 **인간 조건을 넘어서** 쓰라고 요구한다. 인간과 비인간 모두를 위한 참된, 자유의 철학을 쓰라고. 이런 식으로, 결국엔, 이 유물론은 오로지 사회의 '주변부 집단'만을 위한 과업이 아니다. 그것은 모든 장소, 만물에 관한 것이다. 또는 더 좋게 말해, 그것은 우리 안에 있는, 우리와 함께하고 있는, 우리의 모든 실현물에 관한 것이다.

이것을 하나의 지구철학geophilosophy이라고 부르기로 하자.

유물론의 전례 없던 이 힘을, 지구철학 안에서 전진하고 예술 안에서 물질로 나타나는 창조성의 이 분출을, 아울러 이 분출이 모든 개별자들에게 제공해야 마땅한 기쁨과 자유를 이해해야 할 때이다. 따라서 앞서 말한 미셸 세르의 주장으로 되돌아가보자—"내가 생각할 때, 나는 내가 생각하고 있는 것이 된다"(Serres 2015, 21, 저자의 번역)라는, 다른 것이 아니라 지구 전체가 자신의 사실상의 신체인 지구철학자의 모토로. 보드라운, 변신하는, 아마도 유령적일 신체를 거느린 이 지구철학자는 중요한/문제되는 모든 것을 횡단하는 힘을 지니고 있다. 이 지구철학자는 고대 피타고라스 학파에 의해 한때 '윤회metempsychosis'라고 불렸던 것의 현대적 버전에 어쩌면 가장 근접할 사유를 우리에게 제공한다. 윤회는 엠페도클레스Empedocles의 다음과 같은 문구로 가장 잘 요약될 수 있을 것이다. "다른 시절에 나는 한 소년, 한 소녀, 한 덤불, 한 마리 새, 바닷속의 조용한 한 마리 물고기였다…"(Simondon [2004] 2011, 22, 노트 2에서 인용). 시간의 순서를 시간의 유일한 본질이라고 암묵적으로 여기는 근대적(19세기식) 독해로 볼 때는 특히, 윤회는 환생과 (그리고 불교와 힌두교와 같은, 비-근대적 형태의 사유방식과) 관련된다.

그러나 근대성의 선형적 시간 선호를 근거로 윤회를 조롱할 이유는 전무하다. 더구나 윤회는, 인간의 정신이 곧 인간의 뇌와 같고, 인간의 사유가 "지식의 출발 지점이자 지식을 위한 패러다임"(Gaukroger 1989, 50)으로 여겨져야 한다는 근대적 발상과는 무관하다. 프루스트, 멜빌, 핀천, 조이스의 글에서 윤회가 논의되는 방식 역시 그렇다. 여기서는, J.F.K.를 죽였던 총알이 오래된 총알임을 알아챘던 보르헤스를 따라가보자.

그건 동양의 고관들에게 선물되었던 비단 끈이었고, 알라모Alamo를 지키는 이들을 잘라냈던 소총과 총검이었고, 여왕의 목을 잘랐던 삼각형 칼날이었고, 구세주의 살을 찔렀던 검은 못과 나무 십자가였고, 카르타고의 족장이 손에 낀 반지에 묻은 독약이었고, 어느 저녁 소크라테스가 다 마셨던 고요한 술잔이었다.

(Borges [1989] 1998, 326)

생각하는 것, 행위하는 것, 행하는 것은 신체를 가지게 되지만, 변화 속에서 신체를 가지게 된다. 그것은 하나의 덤불, 한 마리 새일 수도, 하나의 비단 끈, 하나의 십자가일 수도 있다.

결과적으로, 윤회에는 '인간적'인 것도 없고 유기적인 것조차도 없다. 하나의 영혼, 아이디어, **코나투스**_conatus_(스피노자가 '본능' 같은 무언가를 지시하기 위해 사용하는 용어, 앞서 이야기했지만, 바로 이 코나투스를 통해 가령 "돌은 생각한다")는 제 생존을 확보하기 위해 **변신[변형]해야만** 한다. 그리고 그 과정에서, 그것은 우리의 휴머니즘적 분류법의 제한을 받지 않는다. (왜 치명적인 총알이 치명적인 계단으로는 바뀔 수 없단 말인가?(ibid, 116).) 일반 심리학 입문 강의에서 이미 질베르 시몽동([2004] 2011)은 모든 영혼의 완전히 변신[변형]하는 면모를, 재활성화를 논하고 있다. 시몽동이 덧붙이는(또한 확실한) 말에 따르면, 모더니티 이후 (데카르트적 휴머니즘 이후, 비판적 사고 이후) 본래의 동일성(관계, 공명) 그리기야말로 오늘날 윤회의 특징이다. 동일성을 (관계를, 새로운 공명을) 향한 모색이 모든 영혼으로 하여금 계속해서 여행하고, 중요한 것/문제되는 것을 매개 삼아 자기를 재창조하고, 덤불이나 삼각형 칼날과 더불어 되어가고, 새로운 동맹과 새로운 아이디어를 만들어내게 한다는 것이다.

중요한 것은 상상
—상상이 모든 것을 길러낸다

'나'는 소년, 소녀, 덤불, 새이자 동시에 바닷속에서 침묵하는 물고기다. 왜냐하면 이 물질을 살아감 속에서, 관련됨 속에서, 소년, 소녀, 덤불, 새와 바다의 침묵하는 물고기가 '나'의 생각의 대상이 되었기 (그리고 그런 식으로 저들이 '나'의 생각을 유발했기) 때문이다. 바로 이것이 스피노자의 물리학과 형이상학, 범물리학panphysics과 변환물리학transphysics의 유물론이다. 이것은 욕망이나 식욕을 통해 이동하고, 스피노자가 첫 번째 종류의 지식이라고 부르는 것으로 우리를 안내한다. 스피노자를 읽으면, 이 첫 번째 종류의 지식은 (의견과) 상상으로 이해된다. 스피노자의 담론에서, 두 번째 종류의 지식(이성적 지식)과 세 번째 종류의 지식(신성한 또는 영원한 지식 또는 실로 흥미롭게도 '직관적인 앎')이 가장 많이 주목 받는다. 그러나 이미 1960년대에 드 드구드de De Deugd(1966)는 첫 번째 종류의 지식의 힘이 흔히 생각되는 것보다 훨씬 더 중요하다고 강조했다.

상상은 욕망, 즉 가능한 그리고 불가능한 모든 신체들을 움직이게 하는 끝없는 열망과 강하게 연결되어 있는데, 욕망은 지금 우리가 살고 있는 세계의 지속에 핵심적으로 중요하다. 욕망은 오늘날의 종교적, 휴머니즘적, 자본주의적 흐름과 만나 발생하는 모든 종류의 갈등 속에서 흔히 발견되는 원시적인, 날것 그대로의 힘이다. 베르톨트 브레히트(1928)가 말한 대로, 먹는 게 먼저고 도덕은 그 다음이다Erst kommt das fressen, dan kommt die moral. 원시적인 날것 그대로의 욕망은 상상을 키우고 동시에 죽인다. 하지만 오직 이런 식으로만 우리는 섬 뒤에 있는 섬을, 땅 밑에 있는 땅을, 그간 우리가 못봤던 새로운 형태와 동맹을 볼 수 있을 것이다. 그리하여 상상은 오늘의 일상을 구성하는, 날것 그대로이며 길들여지지 않은, 예기치 못한 마주침들을 우리에게 제공한다. 그리고 바로 그 마주침들이 우리의 신체와 사유와 사건과 관념을 각기 다르게 빚어내는데, 그 마주침들 자체가 ('창조적'이라는 단어의 가장 기본적인 의미에서) '창조적'이기 때문이다.

첫 번째 종류의 지식인 상상은 자체의 정신적 필요사항으로서 신체를 보유한다. 왜냐하면 (삶이 끝난 후) 그 신체가 해체된 후에는 상상 자체도 소멸하기 때문이다. (E5p40 참고) 상상은 가장 유물론적이며, 가장 창조적이고, 말할 것도 없이 가장 광기어린, 가장 불가능한 관념들을 우리에게 주입한다. 순진함, 장난기, 그리고 단순히 필요(생존 방법을 찾아야 할 필요)에서 발원하는 상상은 지구를 매끄럽게 하고 탈영토화하는 새로운 환경을 활성화할 수도, 새로운 표면을 빚어낼 수도 있다. 상상은 그것이 아무리 짧고 비/실재적이더라도, 당신에게 하나의 삶을 간절히 주려 하는 (야요이 코사마Yayoi Kosama*식으로 표현하자면) 백만 개의 무한의 방들로 우리를 초대한다. 신경증 지닌 자, 정신장애자, 환상적인 신체들은 생존법을 미친 듯이 찾는 과정에서, 다른 이들은 절대 알아볼 수 없는 어떤 지구와 관련을 맺는다. 야생적이고, 쉴 줄 모르며, 그 어느 것보다도 위험한 것인 상상은 자기의 욕구와 씨름하는, 자기를 통제할 의지가 (또한 능력이) 없는 하나의 특이한 삶을 빚어낸다. 그러나 신체에 대한 실험 속에서, 언제나 새로운 연결을 빚어내면서, 새로운 동맹들(새로운 신체들) 안에서 새로운 융합이 나타나고, 이 동맹들의 산물로 새로운 아이디어가 발생하고 새로운 사유가 출현한다.

스피노자는 상상이 만들어내는 끔찍한 실수들에 대해, 그것이 우리로 하여금 보게 하는 기이한 것들에 대해 계속해서 경고한다. 상상이 크툴루Cthulu와 바알Baal을 실재하게 한다. 상상이 인종적인 특징을, 인종 일반을 우리에게 주었다. 모든 형태의 가부장제, 우리는 자연을 파괴해야만 한다는 생각, 모래에서 석유(역청)를 뽑

---

* 조각, 설치미술, 퍼포먼스, 비디오아트, 패션 등의 분야에서 전방위적으로 활동하고 있는 일본 예술가. 1929~.

아내는 행위는 사실 스마트하다는 생각, 이 모든 것은 첫 번째 종류의 지식인 상상의 사안이다. 더 엄청나게 파괴적인 점—상상이 우리 세계에 이분법을 심었고 **우리가 그에 따라 행동하게 만들었다.** 스피노자가 옳다—우리를 감금하는 것은 우리의 신체가 아니라 우리의 상상이다. 상상은 일련의 도덕을 물질로 구현하는 힘을 지니고 있는데, 바로 그 힘이 오늘날의 종교적, 휴머니즘적, 자본주의적 현실 그 자체를 생산하는 동시에 근대 세계modern world를 조직화한다. 가축 길들이기의 전략 일체 그리고 그것이 이용하는 체계들은 우리의 상상에서 비롯된 것이다. 상상은 저항하기 극난한, 굳건한 도그마·신념 체계에 우리 모두를 가두는 힘이 있다. 예수 그리스도가 어디에나, 우리의 일상생활 전 영역에 존재하는 것은, 다름 아닌 상상 때문이다.

욕망은 언제나 우리로 하여금 다른 문제들에 마주치게 하고, 무수한 방식으로 존재하는 새로운 사유와 질문거리를 우리에게 던져준다. 또는, 우리가 곧 발견하게 될 것처럼, 언제나 또 다른 지구가 있다는 것을! 루크레티우스Lucretius는 아마도 기원전 50년 경에 쓰여졌을 자신의 저작 《사물의 본성에 관하여 *De Rerum Natura*》에서 "지구는 다른 권역에서 이물스러운 대기 속으로 돌연 던져지고 나타난 이물스러운 무언가가 아니다. 지구는 세계와 그 안의 고정된 부분의 첫 순간부터, 마치 우리 안에서 팔다리가 보이게 되는 것처럼, 그 이물스러운 대기와 함께 잉태되었다"고 결론지었다. 지구는 식물, 숲, 돌 또는 우리 자신이 그런 것과 다르지 않게, 직조된다. 지구는 올바른 스피노자주의적 의미에서 하나의 '개체'다. 일련의 개체들로 구성된, 그 관계들을 통해 물질화하고, 언제나 변화 속에 있으며, 그 공명 속에서 존재하는 하나의 개체. 세르로서는, 가령 강이 마르는 것과 자기 관절이 닳는 것에는 아무런 차이가 없다. 둘 다 똑같이, 그에게는 육체적으로나 정신적으로나 고통스럽다. 둘 다 언제나 함께 발생한다. 그리고 그것들은 함께 새로운 동맹을 요구한다. 새로운 결혼에 대한 탐색을, (기술적, 기계적, 유기적, 디지털의) 새로운 궤도를, 새로운 아이디어를 요구한다. **이들의 공통된 욕망은 이들이 실제로는 '동일한 것들'임을 입증한다.**

결코 끝나지 않는 더 큰 음악 안에서 음악 작품을 찾아내시오! 자신의 '즉흥곡' 〈실라: 세계의 숨결Sila: The Breath of the World〉에 참여하는 뮤지션들에게 존 루터John Luther가 내주었던 엄청난 숙제였다. 목재와 철의 관계로 요약하자면, 음악은 언제나 그것이 출현했던 존재 가능한 생태적 관계로부터 시작된 예술에 속한다. 목재와 철, 하늘과 땅 사이를 오가면서, 이 훌륭한 작곡가는 우리에게 언제나 말한다. 들어보세요! 들리거나/들리지 않는 숱한 다른 소리가 존재한답니다. 중요한/문제되는 소리들이, 소리나는 물질들이. 하지만 유사한 장난스러움은 당연히 다른 모든 예술에서도 작동한다. 다른 숱한 것들이 보이고 보이지 않는다. 다른 숱한 것들이 감촉되거나 감촉되지 않는다. 숱한 땅들이 실제로 구현되기를 기다리고 있다.

욕망을 바꾸시길! 비판을 잊고, 데카르트주의를 잊고, 유령처럼 우리를 괴롭히는 이 위기에서 우리 자신을 해방시킬 수 있는 가능한 방법들을 잊고, 대신 자유를 실천하기, 예술과 철학을 매개 삼아 창조적인 지구철학적 탐구에 완전히 융합하기. 바로 이것이 나의 목표이다. 데카르트주의로부터 그 자신을 해방할 수 있는 그 어떤 대안도, 차별적인 것도, 타자성도 없다는 점을 받아들이자. **철저한 타자성만이 있을 뿐이다.** 본래의 동일성 그리기 안에서 비로소 새로운 지구는 모든 곳에서 나타난다. 사유하는 자를 실천하려면, 예술가를 만들어내려면 필요한 건 하나뿐이다—다른 방식으로 지각하는 것. 다르게 상상하라.

2

이것은
지구가 아니야!

우리가 언제나 이미 그것들에 다름 아니었던 수다한 형태의 존재자들을 우리는 환대할 수 있을까? 우리 자신을 탈인간화한다dehumanize는 것은 쉬운 과업이 아니되, 반드시 필요하고 다급한 과업이다. 지구가 우리의 것이 아니라는 사실, 우리 인간은 지구의 표면의 곰팡이에 불과하다는 사실을 직시해야 할 때이다. 더 낮게 표현하면, 우리 인간은 지구가 손님으로 맞이했던 생명체 중에서 가장 파괴적인 생명체에 불과하다는 사실을.

우리의 현 실존을 재고해볼 때, 핵심 질문은 이렇다—현재 지구를 지배하고 있는 우리의 사상 가운데 왜 그토록 많은 것이 그토록 쉽게 휴머니즘적인 것 내지 인간중심적인 것, "인간적인, 너무나 인간적인" 것일까? 그 사상들은 어떻게 (우리가 속한) 지구의 논리로부터 그토록 아득히, 멀리 떨어져 있으면서도 **여전히 자기를 보존하려고 고집하는 걸까?** 지금 우리가 사는 세상은, 종교, 휴머니즘, 자본주의라는 복잡한 시스템들—어디에나 있는 것처럼 보이며, 다른 식으로 생각할 여지가 별로 없어 보이는 시스템들—에 의해 깊은 홈[구멍

groove]이 패인 곳이다. 기하학자의 시선을 내 시선으로 삼아 나는 우리의 눈을 다시 열어 지구를 관찰하지 못하도록 가로막는 모든 것들에 어떻게 대처해야 하는지를 탐구하고자 한다. 특히 레자 네가레스타니Reza Negarestani와 미셸 투르니에Michel Tournier를 다시 읽는 우리의 목표는, 이러한 철저한 타자성에 의해 우리 자신이 개방되도록 하는 것, 또는 더 낫게 표현하면, 하나의 목표물이 되는 것이다.

철학자는
기하학자다

지구철학은 홍수가 물러난 후에, 물과 땅이 섞여 비옥해져서 (헤로도토스가 말한 것처럼) '어떤 새로운 시간'이 자신을 드러낼 때 시작된다. 그간 무슨 일이 있었던 걸까? 이제는 무엇을 해야 할까? 《철학이란 무엇인가? *What is Philosophy?*》라는 책의 '지구철학'이라는 한 챕터에서 질 들뢰즈와 펠릭스 가타리는 우리 신체의 움직임과 새로 발견된 땅이 함께 공명하고 작동하기 시작할 때, 동시에 그것들이 관념과 이미지를 그리고 궁극적으로는 사물을 창조할 때 출현하는 새로운 리듬을 탐색한다. 이들은 "사유하기는 영토와 지구의 관계 속에서 발생한다"([1991] 1994, 85)고 말하는데, 이것은 정확하게 새로 발견된 땅에 노출될 때 기하학자들에게 주어지는 과제다. 기하학자들이 조류, 계절, 바람을 느끼면서 새로운 형태의 생명을 사색하고, 영토화하고, 탈영토화하고, 재영토화할 때 그들이 무엇을 사유하고 어떤 관념을 떠올릴지 상상해보라! 사유하기는 상상된 영토의 질서(토템) 그리고 경이로 가득 차 있고, 상상조

50

차 할 수 없고, 아름답고, 동시에 무서운 새로운 지구의 혼돈 바로 그 둘을 오간다. 영토와 지구는 사유하기가 시작되는 순간으로부터 분리할 수 없다―즉, 모든 사유는 어떤 영토에서 자기를 삭제해 지구로 향하게 한다, 동시에 지구에서 자기를 삭제해 어떤 영토를 설치한다.

땅[지구]에 흠[구멍]을 파고, 땅[지구]을 경작하는 행위는 땅[지구]으로부터의 철수를 즉시 수반한다. 알프레드 노스 화이트헤드 Alfred North Whitehead가 말했듯, "이 패인 흠이 시골길에 잘못 접어 드는 것을 막고, 이 추출이 무언가로부터 추출한다. 그리고 그 무 언가에는 더 이상 관심을 기울이지 않는다"(Whitehead [1925] 1967, 197). 패인 흠은 우리가 쉽사리 빠져드는 세속적인 '파티'다. 바로 이것이 지구를 조직하고, 지구를 영토화하며, 또한 이것이 우리를 지구에서 삭제할 때, 사유는 발생할 수 없다. 이런 일은 우리 주변 어디서나 일어나고 있고 우리는 이를 볼 수 있다. 20세기 벽두에 벌써 화이트헤드는 지구를 망각한 인간을 걱정했다. 그는 자신이 그토록 사랑했던 영국 섬들의 경관을 산업화가 어떻게 훼손하는 지를 두 눈으로 목격하며, 얼핏 보기에 그 땅에 아무렇게나 흩어져 있었던 근대식 공장(증기 기관에 의해 가동되는)의 반생태적 본성에 관해 심히 우려한다. 물론, 여기서 '아무렇게나'는 자연환경적 시 각에서 볼 때 그런 것인데, 그 기계들은 (데카르트식으로 말하자면) 그것들이 만들어낸 산물들의 출발지점과 패러다임 모두를 형성하는 그 어떤 것들과도 독립된 채로 작동하기 때문이다.

화이트헤드는 근대의 공장이 하나의 생산 단위체로서 제 주변 세계와 대화하지 않고 있고, 더 나쁘게는 그 주변환경과 심각할 정도의 비생산적인 관계를 (그들 사이의 유일한 교환물은 '폐기물'이나 오염물이었다) 맺고 있는 현실을 목도했다. 그러나 그가 두려워한 것은 '테크놀로지' 그 자체는 아니었다. (그는 테크놀로지가 필연적으로 자연으로부터의 추상이라고 생각했다.) 오히려 그는 근대의 공장이 어떤 종류의 '사물'이 되어가고 있었는지를 의아해했다. 만일 그것이 그토록 그 주변세계에 반하고 배타적이라면, 그것의 '존재가 보존'되도록 만드는 것은 무엇일까? 나는 감히 당신에게 스피노자주의적 질문을 자문하라고 요청해본다—공장은 자기를 무엇으로 상상하고 있을까? (그 공장들을 상상했던) 지구를 (물론 매우 다른 방식으로) **망각**할 지경에 이르기까지, 공장들은 어떤 종류의 **거짓된 관념들**을 부추겨왔던 것일까? 바로 그 관념들이 그토록 해로운 것으로 밝혀졌던 **바로 그 순간에**, 어떤 일이 일어났던가? (이와 같은 질문들을 더 보려면, Parr 2013를 참고하라.)

나쁜 관념들을 발견해내기란 때로는 쉽지만, 그것을 없애기란 언제나 어렵다. 그것들은 언제나 부분적이지 보편적인 것은 아니다. 그리고 사태가 그러한 데는 매우 합당한 이유가 있다. 오직 차별점을 만들어냄으로써, 반대함으로써, 홈을 파냄으로써 위계질서가 나타나게 되고 그것이 의존하는 지배가 실현 가능하기 때문이다. 지배(위계질서, 차별점)를 통해서 하나의 새로운 질서는, 트라우마처럼, 내면화될 수 있는데, 이는 **아버지의 법**이 해로운 가족관계의 지속과 확장을 야기하며 인류사 과정에서 그토록 자주 실행했던 방식이다. 그레고리 베이트슨은 지구친화적이지 않은 테크놀로지들이, 그 좀비화된 (그리하여 좀비화하는) 상태에도 불구하고, 계속해서 물의를 빚어내는 현실을 우려했는데, 그럴 만한 이유가 있었다. 왜 나쁜 관념들은 그냥 썩어 없어지지 않고, **마치 그래야만 한다는 듯**, 자기들의 불행 속으로 빠져드는 것일까? 왜 나쁜 관념들의 생태학 같은 것이 있을까? 그리고 왜 이런 (제대로 작동하지 못하는) 나쁜 관념의 생태학들이 제 존재를 존속시킬 방법을 여전히 찾는 것일까?

내가 제 존재를 보존하려는 오늘의 종교적, 휴머니즘적, 자본주의적 현실에 주목한 것과 비슷한 식으로, 들뢰즈와 가타리는 돈, 일, 주거라는 삼자 권력을, 그리고 이 권력들이 어떤 식으로 **함께** 좀비 자본주의의 현 상태를 유지하는지를 강조한다. 계량경제학파와 (새뮤얼슨적인) 신고전파 칠판 경제학자들이 (마치 나쁜 **가부장**들처럼) 이러한 권력들을 (지구와는 분리된) 집합-이론적 방정식으로 환원하는 것과는 정반대로, 들뢰즈와 가타리는 이 세 가지 '나쁜 관념들'이 어떻게 오늘날 우리가 살아가는 현실들을 잠식하고 조직하는지에 주목한다. 이들의 주장에 의하면, 돈, 일, 주거는 우리 시대의 인간화된 사회풍경socioscapes을 극적으로 고착시키는

것들이면서도 동시에 바다, 성층권, 사막의 형태를 오늘날 우리가
아는 방식으로 조형해낸다(cf. [1980] 1987, 481). 얼마나 예언적인
가! 《안티 오이디푸스 *Anti-Oedipus*》에서 이들은 이 모든 사회정치적
시스템들이 연합과 파생의 시스템들을 기반으로 한 변형물들이라
고 강조한다([1972] 1984, 146, 192, 196, 227 참고). 이들은 이 시스템
들의 기원점을 가정에서 찾는데, 그곳은 전제군주의 눈에 띄지 않
은 채, 돈, 일, 주거를 특정하게 조직하는 행위가 곧 가정경제의 뿌
리였던 곳이었다.

아마도 이러한 사태는 기하학자가 '가정을 경영하는 자'인 경제
학자로, 가장 단순한 선과 숫자에 맞게 세계를 번역해야 한다는 도
착적 욕구에 시달리는 광장공포증이 있는 사회과학자로 변신했을
때 시작되었을 것이다. 경제는 여성들의 교환으로 시작된 부족의
발명품으로서, 자신이 궁극적 재영토화임을 역사 내내 입증했다.
가족은 이러한 **가정**의 발명이 산출해낸 초기의 결과물일 뿐이다.
가족은 사회적, 정신적, 자연환경적 생태계로부터, 모든 비인간 타
자들로부터 동떨어진 채, 종교적, 휴머니즘적, 자본주의적 규칙과
지배가 증식될 수 있었던 제일의 '적소'였다. 이른바 **아버지의 이
름**으로 말이다. 놀랍지도 않은데, 자본주의는 언제나 이와 같은
적소들에서 번성해왔다.

이와 같이 자본주의(상인, 무역상, 초기 경제학자의 모든 얼굴들)는
종교(사제) 그리고 휴머니즘(족장)과 협력할 방법을 모색했다. 자

본주의는 평생 이어질 동맹을 종교와 휴머니즘에서 흔히 찾았지만, 그 출발지점은 언제나 탈영토화된 가정이었다. 헤겔의 책에서 우리는 가정의 위험에 대해, 사유가 가정의 규칙에서 벗어나야 할 필요에 대해 읽을 수 있다. 즉, **아버지**는 정상성을 주장하며 우리를 숨막히게 하고, 사유의 발생을 적극 방해한다는 것이다. 가정의 폐쇄적 본성이 사유에 매우 적대적인 상황을 초래할 수 있다고 강조한 헤겔은 옳다. 하지만 정상성 자체가 문제는 아니다. 도리어 차별점이 문제다. 왜냐하면 가정의 사밀성privacy이야말로 돈, 일, 주거가 다른 모든 것을 잠식하는 장소를 유발할 수 있기 때문이다. 사제와 정치가의 권력에 공명하면서, **아버지**는 자기 범위 안의 만인과 만물을 파인 홈의 가장 깊은 곳에 쳐넣을 수 있고, 나쁜 생태계를 즉, 가능한 모든 방향으로 자기를 확장할 힘을 보유한 암적인 신체를 만들어낼 수 있다. 한 가정의 힘을 절대 과소평가해서는 안 된다―한 가정은 극단적으로 강력한 전염력을 발휘할 수 있다. 그리 오래 되지 않은 일로, 데이비드 그레이버David Graeber 같은 학자들은 자본주의의 운영 주체가 전 세계적으로 보면 극소수의 가정('1%'로 알려져 있기도 하다)이라는 점을 다시 한번 우리에게 상기시켰다. 이 점에서 자본주의는 늘 한결 같았다.

자본주의에서는 사회가 재영토화되게 되는 기반은 늘 사제나 족장 아닌 누군가였다―그 기반은 늘 가정(**아버지의 권력**)이었다. 돈, 일, 주거는 핵가족을 운영할 수 있는데, 그 핵가족이 온갖 좀

비-자본주의적 돌연변이가 되어 쉽게 공장을 운영할 수 있는 것과 마찬가지다. 마르크스 역시 첫 번째 노동 분업이 가족 안에서 (자녀를 낳으면서) 일어났다는 점에, 가족에는 노예화만이 아니라 예속화라는 본질도 있다는 점에 주목했음을 기억해야 한다. 언제나 가족은, 종국엔 사회의 주요 조직 형태가 된 그 모든 이분법들의 잠재적 축소모형이었다고 결론지은 마르크스 역시 옳았다(Engles [1891]1976, 75).

자연 전반을 언제나 다시 사유하려는 욕망의 주인공인 지구철학자는, 자연이 지구에 의해 탈영토화되도록 놓아두어야 한다. 자연에 패인 홈을 없애도록 말이다. (패인 홈을 없앰이란 패인 홈을 제거하고, 홈이 패이지 않은 지구를 발견한다는 의미) 호머Homer가 이미 이야기한 대로, 지구와 태양(즉 가이아와 헬리오스)을 아버지(제우스)의 관점이 아니라 어머니(데메테르)의 관점에서 다시 사유해야 할 시간이 도래했다. 호머는 스피노자주의적 저류의 신화적 고향인 이오니아 출신이다. 이오니아는 제국 도처에서 사람들이 몰려든, 바다와 육지 사이에 자리한 고장으로, 기존의 친족 패턴 기반이 아닌 사회를 만들어냈다. 이오니아는 소피아[sophia 지혜]에 대한 사랑, 테크네[techne 기술]에 대한 사랑을 갖춘 사회이며, 그곳에서 인류에 대한 사랑의 근거는 노모스[nomos 법과 규율]가 아니라 피지스[physis 자연]였다. (Karatani[2012] 2017, 41) 호머의 글은 **새로운 지구 위의 삶**을 추구할 때 상상과 사유가 어떻게 융성하는

지를 보여준다. 가정에서 동떨어진 곳에서, 새로운 지구는 자신을 드러낸다. 마치 가장 환상적인 저류들이 나타나듯. 《오디세이아 *Odyssey*》의 결미에서조차, 오디세우스가 또 다시 가정을 떠난다는 것은 뭔가 웅변적이지 않은가?

이러한 통찰 속에서 나는 퀭탱 메이야수Quentin Meillassou의 시의 적절한 '**비판**에 대한 비판critique upon the Critique'을 읽자고 제안하고자 한다. 메이야수 자신이 임마누엘 칸트의 휴머니즘이라고 이름 붙였던 철학의 참상에 대한, 그의 사변유물론적 비판 말이다. 사유가 갇히고 만 유한성이라는 홈들로부터 사유를 해방시키려 시도하면서, 메이야수는 스피노자주의적 계열의 사유를 지속한다. 특히 자연이 아주 잘 (절대적으로) 알려질 수 있다고 그가 강조할 때 그렇다. 이는 칸트적 이분법이 언제나 자연을 사유할 수는 있으나 알 수는 없는 것으로 간주해온 방식, 달리 말해, 그것이 휴머니즘적 서사에 갇히는 '저주'에 걸렸던 방식과는 대비된다. 《유한성 이후: 우연성의 필연성에 관한 시론 *After Finitude: An Essay on the Necessity of Contingency*》에서 메이야수(Meillassou, [2006] 2008)는 자신의 반反형이상학(그 자신이 이렇게 칭한다)을 '선조성ancestrality' (인류에게 나타나기 이전의 모든 현실이나 지구상의 모든 생명 형태를 지칭하고자 그가 사용하는 용어) 또는 '통시성diachronicity'(책 후반부에서 그가 소개하는 용어로, 인간 이후의 또는 지구상의 생명 이후의 사건들과 관련됨)에 대한 관심, 그리고 고대의 현실이 실재했음을 보여주는 자료인 '원-화석arche-fossil'에 대한 관심을 표명하며 시작한다.

메이야수는 '거대한 외부the great outdoor'를, 즉 인간의 삶(또는 사유)의 앞이나 뒤에 있는, 그리하여 홈 파기의 가능성을 처음부터 차단하는 절대적인 바깥을 찾아다닌다. 대상이 어떤 식으로 (우리가 조형해낸 홈들에 완전히 박혀 있는 것처럼) 우리에게, 우리를 향해 현상하는지에만 관심을 두는 칸트적 의식관에서 해방되어, 데카르트식 사유 모델을 분명히 다시 쓰면서, 메이야수는 지구를 통해서 사유하기를 해방하려고 한다. 그의 말을 들어보면 이렇다.

그리고 만일 현대 철학자들이 사유가 전적으로 바깥을 향해 있다고 그토록 완강히 주장한다면, 그건 일종의 사별을 수용하는 데 실패하기 때문일 것이다. 즉, 교조주의의 포기에 따라 오는 어떤 상실을 거부하기 때문일 것이다. 비판적 사상가들 이전 사상가들의 거대한 외부, 절대적인 바깥—우리 인간에 의한 비교 대상이 아닌 바깥, 그리고 자기의 내줌 자체, 그 결과물에 대해 무관심한 것처럼 주어진 바깥, 우리 인간이 그것을 생각하고 있든 없든 그 자체로 존재하는 바깥. 즉, 자기가 이계의 영토 안에 있다는, 철저히 다른 어딘가에 있다는 정당한 느낌을 거느린 채 사유가 탐구할 수 있는 그러한 바깥.

(Meillassou [2006] 2008, 7)

위에서 언급한 것처럼, "이계의 영토 안에" 있다는 생각, 즉 우리가 우리와 친숙하지 않은 홈들을 또는 (홈이 패인 적이 없기 때문이거나 홈이 패일 수 없기 때문에) 단 한 번도 홈이 패인 적이 없는 어딘가를 마주하고 있다는 생각은, 철학에 대한 주요 도전이다. 왜냐하면 이것이 의미하는 것은, 철학이 자기의 가장 거대한 소유물을, 즉 세계에 관해 사유하기 위한 본질적 출발지점으로서의 의식과 언어를 희생해야 한다는 것을 의미하기 때문이다. 인간의 (칸트식의) 유한성, 인간이 창조한 홈들에 의해 제한되지 않는 철학에, 종국엔 실제로 더 지구적일 지구철학에 도달하기 위해 우리가 내디뎌야 할 첫 번째 (가벼운) 발걸음이 망각할 필요라고 생각할 때, 메이야수는 니체보다 훨씬 더 급진적이다. "동일한 원인이 실제로는 '백 가지 다른 사건들'을 일으킬 수 있다는 점"(Meillassou [2006] 2008, 90)을 수용할 때만, 철학은 제 과업의 수행을 시작할 수 있을 것이다―이해되기를 거부하는, 우리의 방식에 따라 행위하기를 거부하는 그 모든 결과물들을 논의 대상으로 삼는다는 과업 말이다.

무인도

선조성과 통시성이라는 메이야수의 개념, **거대한 외부**를 향한 그의 추구, 이계의 영토 또는 홈이 패이지 않은 '철저히 다른 어딘가'에 대한 그의 관심. 이것들에 대한 하나의 직설적인 답변을 우리는 1953년에 출간된 들뢰즈의 초기 저작인 《무인도 *Desert Islands*》에서 찾을 수 있다. 메이야수 같은 이가 나오리라고 예상하면서, 들뢰즈는 "섬들은 인류 이전에 있던 것이거나 인류 이후를 위한 것"이라는 말을 들려주며 시작한다([2002] 2004, 9). 이런 식으로 들뢰즈는 '영토화되지 않은 땅'이라고 부를 수 있는 땅(아직 거주지가 안된 장소일 수도, 평평해지고 있는, 지구로 되돌아가고 있는 장소일 수도 있다)에, 사유하기가 시작되기 1/1000초 전과 사유하기가 멈춘 바로 직후에 관심을 둔다. 즉, 현재진행형이기를 거부하는 사유하기에.

들뢰즈는 바로 그 영토화되지 않은 땅에서 '발생하는' 종류의 사유를 탐색하면서 자기 작업을 시작한다. 《천 개의 고원 *A Thousand*

Plateaus》에서 이러한 종류의 사유는 '유목민의 사유'라는 유명한 말로 지칭되는데, 이 책에서 들뢰즈와 가타리의 결론은 다음과 같다—"유목민들은 사막을 만들어내지만, 그에 못지 않게 그들은 그 사막에 의해서 만들어진다" (Deleuze and Guattari [1980] 1987, 382). 새로운 신체들과 정신들이 유목학 안에서 형성된다. 로지 브라이도티는 자신의 페미니즘과 신학과 생태학에서, 정확히 바로 그 유목학을 실행한다. 바로 그것이 과거에 우리의 사유를 제한했던 남근-로고스중심적이고 기독교적이고 자본주의적인 홈들에 의해 손상되지 않은, 사유의 자유와 동작의 자유를 허용하기 때문이다.

《무인도》에서 들뢰즈는, 기본적으로, 사유를 잉태하는 공간인 지구와 영토를 가지고 논다. 그곳에서는, 수평선에서, 새로운 땅이 바다로부터 솟구치거나 새로운 생각이 나타난다. 돈, 일, 주거에서 멀리 떨어져 있고, 타자들로부터 멀리 떨어져 있는 (이에 관해서는 곧 이야기할 것이다) 그 무인도는 우리에게 새로운 철학을 제공할 수 있다. 주체와 대상이라는 개념과는 친하지 않은, 우호적이고 우애 넘치는 어떤 철학을.

가능한 모든 섬들 중에서, 그곳은 무엇보다도 우선적으로 무인도다. 즉, 그 섬은, 들뢰즈가 이 텍스트 전체에서 그렇게 지칭하듯, 가장 급진적인 탈인간화dehumanization를 **요구한다**. 이 무인도는, 심지어는 메이야수가 우리에게 소개한 선조성, 통시성 관련 진술 이상으로, (우리가 곧 보게 되겠지만) 그것이 사유의 대상이 되기 위해서는, 오직 완전한 항복만을 허용한다. 또는 그 섬이 사유라는 것이 가능하도록 어떻게 허락할지 알아내기 위해서는. 영토가 전무한 그 무인도는 사유의 대상이 될 수 없다. 즉, 그것은 생각될 수 없는 상태로 남아 있기를 고집한다. 이것은 곧 어떤 무인도의 해안가에 당도했을 때 한 개체의 삶을 (그곳에서) 예전처럼 지속하는 것이 불가능함을 뜻한다. (그곳에서는) '새로운 삶'이 '새로운 지구'와 더불어 계속해서 재발명되어야만 한다. 하나의 새로운 삶 안에는 "점이나 대상물이 아니라, 개체성들과 일련의 관계들(바람, 눈이나 모래의 파동, 모래의 노래 또는 얼음이 으깨지는 소리, 모래와 얼음의 촉각적 성질)에 의존하는 극도로 정교한 위상학[지형학]이 있다"(Deleuze and Guattari [1980] 1987, 382). 그리하여, 들뢰즈가 이미 《무인도》에서 결론내린 것처럼, 진정한 무인도는 **사유 그 자체**가 새롭게 창조되는 기원의 장소여야만 한다―반드시 고정되지 않은, 어쩌면 고정됨을 해체하는, 홈이 패이지 않았고, 거주민이 없는 지구 위의 변형된 장소여야만 한다 .

그렇다면, 이상적으로는, 무인도를 지구상에서 그토록 멋지고 독특한 장소로 만드는 것은 바로 이러한 특성이다. 즉, 현존하는 삶들과 사유들과는 근본적으로 이질적인 새로운 삶과 새로운 사유가, 버려진 곳(그리고 인간 없는 곳)에서 조형될 수 있다. "그 섬을 만들어낸 움직임의 의식"에 도달하려면, 그러려는 자 자신의, **인간 전체**의 급진적 축소가 필요하다(Deleuze [2002] 2004, 10). 오직 그곳에서만, 그 무인도에서만, 우리는 다음과 같은 것을 발견할 수 있다.

인간성에 관한 이데아, 원형, 거의 신이나 다름 없는 남자, 여신이 나 다름 없는 여자, 위대한 암네시악Amnesiac*, 순수한 대예술가, 지 구와 바다의 의식, 거대한 허리케인, 아름다운 마녀, 이스터 제도 의 조각상. 그곳에서 당신은 당신 자신보다 앞서 산 인간을 만나게 된다.

(ibid, 11)

숨막힐 듯한 현재에서 최대한 멀리 떨어진 채로, 유한성 훨씬 이 후에, "나는 (아직) 태어나지 않았다"(Derrida and Ewald 2001, 55)는 데리다적인 주제가 제 소리를 낼 수 있는 것은 오직 이러한 무인도 에서이다.

미셸 투르니에의 소설 《방드르디 *Friday*》**는 무인도에 관해 그리 고 무인도가 할 수 있는 모든 것을 생각하는 법을 보여준다. 식민 주의적이고 인종차별적인 음조를 지닌 다니엘 디포Daniel Defoe의

---

* 기억상실증 환자를 뜻한다.
** 국내 번역본은 《방드르디, 태평양의 끝》(김화영 옮김, 민음사, 2003)이다. 원작 은 1967년에 출간되었다. 프랑스어 Vendredi(방드르디)는 금요일을 뜻한다.

《로빈슨 크루소 *Robinson Crusoe*》와 매우 상반되게, 투르니에가 되살려낸 이야기는 무인도가 어떤 식으로 나타나는지, 그리고 그것이 어떤 식으로 홈 파기를 거부하는지에 관한 훌륭한 선언을 보여준다. 디포의 소설 속에서처럼, 로빈슨은 무인도(우리가 곧 알게 되듯, 언제나 이미 거주민이 있는 섬)에 침입해서는 (마침내) 그 섬의 존재 안에 포용되는 방법을 찾아나선다. 그리고, 또 다시, 디포의 소설에서처럼, 이 과제는 달성하기 극난하다는 것이 자명해진다. 로빈슨은 자신이 근대 세계에서 가지고 온 두 가지 정상성(일신론적 종교와 자본주의)을 확립하려고, 그 섬, 즉 스페란차Speranza에 그것이 적합하도록 만들어보려고 노력한다. 세 번째 것, 즉 휴머니즘이 가장 균열내기 어려운 것으로 판명된다.

스페란차는 로빈슨의 식민화에 '저항'하지 않는다. 반대로, 그곳에서 두 정상성은 매우 잘 작동한다. 하지만 로빈슨이 이러한 이계의 체제를 심었을 때, 그 섬은 그 자신을 드러내지 않는다. (그것은 제 본모습을 깨어나게 하지/밝히지/공개하지 않는다.) (실제적인 침투를 포함한) 로빈슨의 노력과는 무관하게, 그 어떤 열림도 이루어지지 않는다. 깨어남은 없었는데, 책의 첫 파트에서 로빈슨의 소외를 설명해주는 대목이다. 두 체제 중 첫 번째 것부터 시작하자면, 기독교는 섬에 의해 간단히 무시되는 듯하다. 소설 초반에는 성경이 중요한 역할을 하지만, 점차 그 역할은 사라져간다. 쁘띠 Petit(1991, 10)가 말하듯, 이 소설 전체와 성경 사이에 흥미로운 유사점이 있는 것은 사실이다. (예: 이 책에서 중심을 이루는 폭발은 구약과 신약의 뒤바꿈을 나타낸다.) 하지만 종내 그 효과가 없는 것처럼 보이는 까닭에 로빈슨 자신이 그 섬을 (그리고 방드르디를) 기독교화하는 데 흥미를 잃고 만다.

아니면, 기독교가 그 어떤 의미 있는 말도 못하게 되는 것은, 어쩌면 방드르디를 **통해서**일 것이다. 방드르디는 그저 로빈슨이 이미 그 섬에, 그 섬과 더불어 살고 있는 비인간으로 추정되는 것을 의인화하기 위해 붙은 이름만은 아니다. 방드르디는 또한 필연적으로, 로빈슨이 지적한 것처럼, 예수가 돌아가신 날, 금식일(Tournier [1967] 1997, 70)을, 또한 아프로디테(비너스)의 탄생일을 말하기도 한다(ibid, 228). 방드르디는 그 섬을 씻어내고 새로운 형태의 수정受精을 탐색하는 거품이다. 바로 방드르디로 인해 모든 것이 변한다.

상대적으로 짧은 존속 기간에도 불구하고 자본주의는 기독교보다 훨씬 더 강력한 세력임을 입증한다. 이야기의 앞부분에서 황량한 시간을 짧게 보낸 뒤, 로빈슨이 얼마나 빨리 축적을 재신봉하게 되는지 주목해보라. 그는 일기에 이렇게 쓰고 있다. "따라서 나는 다음 규칙을 따를 것이다─모든 생산은 창조이고 그러므로 선하다. 모든 소비는 파괴이고 그러므로 악하다…축적하라!"(Tournier [1967] 1997, 61). 그러나 다소 성공적이긴 하지만(로빈슨은 막대한 잉여를 거둬들인다.), 자본주의마저도 결국엔 폐기되고 만다. 책의 절반 정도가 지나서야 그는 자본주의에 저항할 수 있게 되지만, 이미 책의 꽤 초반부에서 섬 그 자체가 (방드르디를 통해 나중에 반복하지만) 로빈슨에게, 그런 수입된 전략들이 그곳에서는 영원히 통하지 않을 것임을 보여준다.

빛이 떠올랐다. 그리고 형언할 수 없는 행복의 한 순간에 로빈슨은 그토록 오래도록 자신이 고독 속에서 공들였던 그 섬 뒤에 있는 또 하나의 섬을 알아보는 듯했다. 더 활기차고, 더 온화하고, 더 우애 넘치는 곳, 그의 세속적인 관심사들이 그 자신으로부터 은폐했던 어떤 곳을.

(Tournier[1967]1997, 90)

이 인용구에서 핵심인 용어는 '또 하나의 섬'이다. 또 하나의 섬은 투르니에의 로빈슨에게 은폐되어 있다―그 섬은 그에게 불가능하다. 하지만 로빈슨에게 또 하나의 섬은 왜 불가능할까? 그건 로빈슨의 세속적인 관심사들 때문이다. 《감각의 논리 *The Logic of Sense*》에서 들뢰즈는 투르니에를 해석하며, 가능한 것의 범위를 자신의 '타자성otherness' (또 하나의 타자성anotherness에 반대되는 것) 개념화로써 정의내린다. 그렇다, 여기에 휴머니즘이 있다―(그렇다는 것을 그 자신이 대체로 인지하고 있지 못하지만) 로빈슨이 수입한 세 번째의 정상성 말이다. 그 타자가 이러한 '세속적인 관심사들'

66

이 무엇일지를 말해준다. 들뢰즈는 다음과 같은 것이 일어난다고 주장한다.

하나의 가능한 타자가 볼 수 없고 생각할 수 없고 소유할 수 없는 것이라면 그 어떤 것도 나는 욕망하지 않는다. 이것이 내 욕망의 기본이다. 하나의 대상물에 내 욕망을 관련짓는 것은 언제나 타자들이다…타자는 처음에는 지각의 마당이라는 한 구조물인데, 그것 없이 전체의 마당은 제대로 기능하지 못한다.

([1969]1990, 306-7)

달리 말해, 나의 욕망/식욕의 방향이 정해지는 것은, 그리하여 (예컨대) 기독교와 자본주의를 지속시키는 것은 타자들을 통해서이다. 타자들이 바로, 로빈슨으로 하여금 인류 이전에 있던 그 섬의 운동을 알아차리지 못하게 하는, 새로운 형태의 삶을 찾지 못하게 하는 세속적인 관심사들이다.

들뢰즈는 트루니에의 소설 《방드르디》가 "자기 섬에 타자들 없이 사는 남자인 로빈슨"을 보여준다고 주장한다(Deleuze, [1969]1990, 304). 종국에 로빈슨은 자기를 쫓아다니던 그 타자들을 자기로부터 없애버리고, 바로 그것이 (비록 실제로 존재하지는 않지만) 그의 욕망의 향배를 결정한다. 그 섬이 그에게 '또 하나의 섬'을, 더 활기차고 더 온화하고 더 우애 넘치는 곳을 드러내기 전까지는 그렇다. 투르니에의 소설은, 무인도가 어떻게 자신의 무인도 성을, 그 자신이 식민화되는 것이 불가능함을, 모래 안에 패인 모든 홈들을 씻어내는 자신의 능력을 드러내는지를 우리에게 보여준다. 스페란차는 언제나 이미 홈을 없애버리는, 자신에게 새겨진 문장 일체를 그 즉시 지워버리는 바다에 의해 감싸인 자신의 섬다운 면모를 보여준다. 무인도에는 너무도 필수적인 이러한 지구적 다이내믹스를 통해 또 하나의 타자성anotherness이 출현한다. 이것은 타자들이 말끔히 사라졌을 때만 출현할 수 있다.

지구의
병리학자들

세상에는 수많은 다양한 무인도들이 존재한다. 그리고 그 섬들
은 어디에서든 볼 수 있다. 하지만 그곳은, 당연한 말이겠지만, 당
신이 거의 예상치 못한 곳이다. 무인도는 불가능하거나 또는 필연
적으로 미리 볼 수 없는 것이다. 레자 네가레스타니는 자신의 첫
책인 《사이클로노피디아: 작자 미상의 자료들을 엮음 *Cyclonopedia:*
Complicity with Anonumous Materials》에서 중동이 사해四海에서 발원한다
고 말한다. 그곳의 사막은 인간의 거주를 거부하며, 식민지적, 탈
식민지적 세력들(기독교와 자본주의를 포함하여)에 의해 홈이 패인
이후로, 그 지구적 다이내믹스가 아래로부터 표면 위로 드러나고,
수면 아래 있는 또 하나의 섬을 드러내기 시작한다. 투르니에의
로빈슨스러운 《방드르디》가 풍요로운 지구철학 개념 덩어리를 '발
생시키는' 소설인 반면, 네가레스타니의 작품은 소설 형식과는 거
의 관련이 없다. 그건 H. P. 러브크래프트Lovecraft와 초기 그리스의
지하 신비주의를 합성해놓은 작품이다. 이 작품은 파주즈Pazuzu,

우갈루-데몬Ugallu-demons*에 관해, 들뢰즈와 가타리의 전쟁 기계에 관해 이야기한다. 또한 천체물리학을 하미드 파르사니Hamid Parsani**의 소설 일기와 융합한다.

《사이클로노피디아》는 모든 면에서 "사변적 계열의 정신분열증으로서의 근본적 편집증"을 실천한다(Negarestani 2008, 220). 그러나 중동이 또 하나의 타자성을, 더 활기차고, 더 온화하고, 더 우애 넘치는 하나의 세계를 드러내는 것은, 바로 이러한 형태의 광기(이것을 요약해서 말하기는 불가능하다) 속에서이다. 그곳은 고통받는 세계, 많은 면에서 극심한 폭력에 줄곧 시달리는 세계이되, 천천히 그리고 부드럽게, 죽지 않는 법을 찾아내는 세계이기도 하다. 오래도록 그곳의 공간을 잠식해온 외계의(서양의, 칸트 이후적) 홈들을, 그곳은 이미 씻어내기 시작했다. 바로 그것이 자본주의의 새로운 단계(그럼에도 영원히 지속될지도 모를)를 나타내고, 지구 전체를, 지구의 모든 무인도들과 그들을 둘러싸고 있는 바다를 뒤흔든 폭발인 9/11 이후의 세계(예: 아랍의 봄과 점거 운동)다.

투르니에처럼 네가레스타니도 탈인간화 과정이 궁극의 사막(화)과 더불어 시작되었다고 확신한다. 투르니에는 그 궁극의 사

---

* 파주즈는 고대 메소포타미아 지역의 종교[신화]에 등장하는, 남서풍을 인격화한 신이다. 우갈루-데몬은 고대 수메리안들이 믿었던 '거대한 날씨 괴물'이다.
** 《사이클로노피디아》의 주인공.

막(화)을 스페란차라고 말하는데, 네가레스타니는 제로드롬Xero-drome 또는 텔루리안 오메가Tellurian Omega에 관해 이야기한다—이것들은 로빈슨에게는 '또 하나의 섬'이라는 형태로 자기를 드러냈던 것들로, 스페란차 아래서 작동하는 것은 중동 아래에서도 작동하고 있다. 네가레스타니는 공간의 정치가(새로운 지구를 찾기 위한 들뢰즈/가타리의 생태철학적 또는 지구철학적 탐구가) 오늘날 중동을 뒤덮고 있는 식민지/탈식민지적 파티를 없앰을 어째서 필요로 하는지 보여준다. 로빈슨의 식민화 노력으로부터 스페란차가 자유로워져야 했던 것처럼 말이다.

《사이클로노피디아》의 주인공, 하미드 파르사니가 자신의 '석유의 철학'으로 발전시키는 것이 바로 이 지구철학이다. 파르사니는 이란의 고고학자인데, 알 수 없는 상황에서 홀연 사라지기 전, (그는 나중에 다시 나타난다) 확신에 찬 어조로, 석유의 철학이 중동의 아래를 흐르는 강력한 저류를 드러내거나/은폐할 수 있다고 말한다. 석유가 소아시아 섬의 몸을 여는, 말 없고 의식 없는 혼spirit이라는 점에 그는 주목한다. 그의 주장으로는, 석유는 이제 하나로 통합된 지구 자본주의(펠릭스 가타리는 이에 관해 언급한다)에 기름을 두르고 있고 그에 따라 현 자본주의의 흐름을 재구성하고 있다. 그러나 석유가 오늘날 우리가 처한 완전히 '새로운 풍경'을 실현하기 시작한 것은 최근(9/11 사태 이후)의 일이다. 그 사건, 9/11, 중동의 빅뱅과 더불어, 석유의 분노가 충족되었고 천천히 그리고 부드럽게, 하나의 새로운 지구가 나타날 수 있었다.

비록 은폐된 차원에 들어가야만 식별 가능하지만, 《사이클로노피디아》는 투르니에의 《방드르디》에서 우리가 보았던 두 가지 주요 홈 파기 시스템들, 즉 자본주의와 종교의 붕괴를 요구한다. 파르사니는 먼저, 죽어야 할 신들에 관해 이야기한다. 또는 달리 말해, 죽은 신들이 되려면 그들은 태양계로 여행을 떠나 지구라는 땅으로 내려와야 한다. 하지만 죽은 신들은 대체 어떤 존재란 말인가? 파르사니는 이렇게 설명한다.

죽은 신은 지친, 버려진, 끝장난 신이 아니라 파국적 재앙이라는 궁극의 무기를 손에 쥔 신이다. 지구의 제한된 땅을 열림으로 가는 직통의 길로 만들기 위해서 지구로 오는 전염병인 이 죽은 신은, 자기가 묻혀 있는 지구의 땅을 확인하는데, 이로써 자기에게 굴욕감을 안겨준다. 만일 죽은 신들과 연관된 것으로서의, 하강이라는 행위가 신성한 것의 몸의 세속화된 형태와 (신성한 것의 세계에서 분리됨과) 동일하다면, 죽은 신 자체는 결코 세속적인 존재자는 아닐 것이다. 하강 과정에서 그 죽은 신은 자기의 세속적인 말의 전집이 신성한 것과의, 역병을 일으키지만, 사랑이 배인 영적 교감임을 다시금 깨닫게 된다. 하강함으로써, 그 신은 세속적이면서 동시에 신성한 범죄를 저지른다―즉, 그 신은 인간을 집어삼키고 감염시키면서 자신을 열고, 스스로 시체로 변하면서 인간을 연다.

(Negarestani 2008, 204-5)

신의 죽음이 우리 모두에게 힘을 미치고, 우리 모두에게 중요하고, 우리의 마음에 흐른다는 점은 별반 놀랍지 않다. 죽은 신들, 지구 표면 아래쪽에서 온 지하의 신성한 존재들은 대지를 비옥하게 하고, 대지에 활력을 다시 주고, 그곳에 실제로 거주한 적은 없는 인간을 포함한, 그곳의 표면을 일그러뜨렸던 외계적인 흠들을 매끄럽게 만든다. 이 점을 직시하자, 그들은 자기네 신들을 모두 죽여야 했다. 그 성경의 말/예언이 언제나 우리에게 '새로운 세계가 기다리고 있다'고 말해주었듯.

바로 이 죽임과 더불어 모종의 새로운 지구 경제가 재발명되어야 한다고 네가레스타니는 말한다. "파르사니에 따르면, 지구는 태양의 제국에 반하는 전복적 인사이더 역할을 수행한다. 헤게모니적 질서에 기반한, 지구상의 질서, 정치, 삶의 양식을 빚어온 바로 그 태양에 제국에 말이다" (Negarestani 2008, 42). 그리고 현행 자본주의와 아무 관련 없는 일종의 분자 경제moecular economy가, 지금 중동에서 부상하기 시작한 경제가 바로 이 지구 경제라고 그는 주장한다.

인터뷰에서 파르사니는 이렇게 말한다—중동은 모든 것을 티끌로 만들어 하나의 경제로 묶어내는 메커니즘을 고안해왔다. 적극적인 퇴보 과정으로써 작동하는 경제, 그 경제를 움직이는 운반선들이 극단적으로 유목적일 수밖에는 없되, 동시에 기존 시스템이나 기반에 대해서는 양면적 태도를 보이는 경제, 그 운반 장치와 시스템들이 스스로 퇴보하기를 절대 멈추지 않는 경제로. 왜냐하면 바로 이런 식으로, 그들은 자기들의 영원한 분자적 다이내미즘moecular dynamism을, 자기들의 전체 경제에 자기들의 전염적 유통과 유포를 확실히 구현할 것이므로.

(Negarestani 2008, 91)

그러나 이러한 종교적, 경제적 혁명은 휴머니즘적 발전은 아니다. 즉, 이것은 타자성으로 인해 나온 결과물은 아니다. 이것은 비인간 타자, 철저한 타자성, 석유로부터 발원한다. 탄화수소 가운데 가장 무거운 것으로서, 땅 아래 모든 방향으로 빠르게 흘러가는 이 물질이야말로 중동의 에센스이다. 네가레스타니는 지구물리학자인 토마스 골드Thomas Gold의 깊고 뜨거운 생물권Deep Hot Biosphere 이론을 따른다. 그는 이렇게 주장한다.

석유는 화석연료가 아니다. 석유는 지구의 내장에서 사는 박테리아의 먹이인 자연의 가스에서 유래한다. 따라서 석유의 악마적 군주제는 죽은 자(즉, 선사시대 유기체들의 보존 사체들)를 지배하는 법칙 때문에 가능한 것이 아니다. 도리어 그것을 움직이게 하는 것은 일종의 심성암적인 생기(화석화된 것들, 유기적 신체들의 분해에서 발생된 것이라기보다는…지구의 지하 생물권에 의해 발생된 비생물기원을 갖는 석유)다. 결과적으로, 석유는 훨씬 더 실질적이다. 또한 상이하고 자율적인, 지구적 유통 논리를 따른다.

(2008, 72)

새로운 형태의 생명으로 가득 차 있지만, 오로지 고도로 응축된 죽은 유기 화합물로만 구성된 물질인 석유는 어디에나 있다고 파르사니는 결론짓는다. 또는, 네가레스타니가 말하는 것처럼 "책, 음식, 종교, 숫자, 흙먼지 얼룩—이 모든 것이 언어학적으로, 지질학적으로, 정치적으로, 수학적으로 석유와 융합한다. 그에게는 모든 것이 의심스러울 정도로 기름지다" (2008, 42). 중동이라 불리는 무인도의 표면을 달리는 석유는, 사실상 모든 것을 활성화할 수 있는 죽지 않는 무언가이다.

지구가 우리에게 제공한 어떤 새로운 생명, 기름진 죽지 않는 것, 전복적인 인사이더를 향한 네가레스타니의 탐색은 정확히 투르니에 소설의 막바지에 주인공 로빈슨이 살아내기 시작한 탐색, 아니 흐름이다. 더 활기차고, 더 온화하고, 더 우애 넘치는, 또는 더 나은 곳에 있다는 느낌, 또 하나의 섬에서 고유한 삶을 창조할 힘을, 그 흙에서 일어날 힘을 선물받았다는 느낌이 (여기에서) 핵심이다. 네가레스타니도 투르니에도 지구의 병리학자 역할을 하겠다는 니체의 도전을 자기 자신의 도전으로 삼는다. 이들은 건강을 찾는데, 이 점에서 니체와 비슷하다. (니체는 《이 사람을 보라》에서, 거의 마지막까지 실제로 자기가 매우 건강하다고 [또한 그건 매우 합당하다고!] 주장했다는 사실을 기억하라.) 하지만 이 점은 정반대 방식으로도 표현 가능하다. 왜냐하면 앙토냉 아르토를 환기하자면 (그리고 그렇게 하면서 네가레스타니를 정당화하자면) 나는 우리가 탐색하는 것이 "존재의 본질을 건드리고…[그리고] 전체의 생명에 적용되는 진정한 질병"(Artaud 1976, 44)이라고도 주장할 수 있기 때문이다. 지구가 우리에게 제공해야 하는 것은 **위대한 건강** 그리고 진정한 질병이다. 하나가 다른 하나에 감싸이고, 그 다른 하나는 또 다른 하나에 감싸인…이것이 무한대로 이어진 바로 그것이다.

이 지구적인 건강/질병은 계속해서 되풀이해서 획득해야만 한다. 왜냐하면 우리는 그것을 희생하도록 요구받기 때문이다. 니체가 말한 "자주 난파되고 멍든" 사람들의 건강/질병이 바로 이것이다. 이 사람들은 위험할 정도로 건강하고/아픈 이들, 자기 앞에서 다음과 같은 것을 발견하는 이들이다.

아직 아무도 발견하지 못한 나라, 아직 아무도 그 지평선을 보지 못한 나라, 인간이 지금까지 알아낸 생각의 모든 피난처, 모든 나라 너머의 어떤 곳, 아름다움과 낯섦과 의심과 공포와 신성함이 너무도 넘실대는 나머지 우리의 호기심과 소유욕 모두 열에 들떠 광적이 되는 어떤 세계.

([1908] 2009, 100)

투르니에에 따르면, 건강과 질병 사이를 오고 감이라는 위상학 [지형학]적 기술을 실행하며, 섬의 움직임, 바람, 태양의 힘을 알아 차리려 했던 로빈슨의 노력 자체가 창조적 행동이었다. 바로 그 행동이 로빈슨에게 지구적 건강/질병을 주었고, 동시에 반대로 그를 "순수의 한 순간 속에서 영원히 살게" (Deleuze [1969] 1990, 205) 했다. 압도적으로 다양했던 당시의 유통 영역을 드러내는, 메소포 타미아의 공동묘지들에서 나온 보물상자를 그 자신이 직접 목격 이라도 했다는 듯이 말이다.

목표물이
된다는 것

죽음 경험은 삶의 부정도, 삶의 부재도 아니다. (죽음은 삶의 '타자'가 아니다.) 반대로, 죽음은 언제나 이미 모든 산 것들의 에센스였고, 그런 면에서 죽음은 생명을 앞질렀다. 스토아 학파로서의 스피노자는 이미 우리에게, 죽음 경험이야말로 어떤 개체(어떤 섬, 어떤 로빈슨, 어떤 가능한 생태계)가, 개체들 간 관계(한 개체는 바로 이 관계들로부터 만들어진다)를 재활성화하는 법을 끊임없이 탐색하는 가운데, 자기 존재를 존속시켜야만 하는 제일의, 가장 중요한 이유라는 점을 알려주었다. 스피노자 덕에, 자유인은 모든 것 가운데 죽음을 가장 적게 생각한다(cf. E4P67)는 주장은, 통일된 개체는 죽음이라는 유령에 쫓기지 않는다는 점을 의미하는 것이 아니라, 자유인은 제 존재를 제약하는 '홈[구멍]들로부터 자기를 해방하는 새 길을 끊임없이 찾아내는 창조적인 자와 같다는 점을 의미하게 된다. 그러므로 죽음은 모든 개체성의 핵심 안에 봉인되어 있다. 죽음은 자기의 창조를 야기한다. 죽음은 부식토다──즉, 죽음은 만물이 (그로부터) 자라나는 지구의 내장 안에 거주하면서, 만물을 태양 (생명) 쪽으로 밀친다. 죽음은 생명을 수반하는 개별자성을 연다. 즉 개체를 열고 감염시키며, 생명을 새롭게 창조해낸다. 죽음은 만물을 따라가며 자기의 길을 집어삼키며, 생명이 살아가는 물질의 끈들을 창조해낸다.

형태들이 다수라는 사태가 죽음을 (광기나 질병보다 더) 발생하게 한다. 또한 인간으로 하여금 죽임 당하는 현실을 수용하게 한다. 그제서야 비로소 새로운 사유들과 새로운 삶들이 발생한다. 타인들이 우리의 신체를 조직해내는 사태에 의해 괴롭힘 당하지 않는 삶들이. 투르니에의 또 하나의 섬으로부터 들뢰즈는 '타자성 otherness'과는 근본적으로 상이한 전략으로서 '또 하나의 타자성 anotherness'이라는 개념을 만들어냈다. 그 또 하나의 섬의 본질은, 인간과 인간이 지구와 맺는 변형되는 관계의 존재를 거부하는 것이다. 대신, 또 하나의 타자성의 본질은 사건을 우선시하는 것, 또는 (죽음과) 삶 자체를 우선시하는 것, 일련의 비-본질적 특징들로서의 (많은 다른 것들 가운데에서) '하나의 삶'에 형태를 입히는 것이다. 한편 네가레스타니는 작자 미상의 물질[자료]들과의 공모(사이클로노피디아의 부제)를 이야기하는데, 이를 통해 그는 죽음이 지배하는 체제의 폐쇄성을 강조한다.

로빈슨이 일종의 새로운 지구, 새로운 삶의 양식을 창조하고자 했을 때, 그는 삶의 가능성을 발명하는 데, 존재하기의 방식을 탐구하는 데 열심이었다. 책의 말미에서 로빈슨은 무인도 위의 상황이라는 **결과**를 결국 맞이하게 되는데, 이것은 곧 그와 그 자신이 구현한 것 전부가 그 섬의 생태계로부터 발생했음을 의미했다. 바로 그 섬이 그에게 그의 두 번째의, 비육체적인/비세속적인 생명을 주었던 것이다! 그러나 그것을 깨닫기 위해서 그는 먼저 죽어야 했다. 그는 먼저 그 섬에 의해 탈취되어야 했다. 그는 스페란차에게 먹혀야, 감염되어야 했고, 그는 그런 일이 발생하도록 허락해야만 했다. 그는 스페란차의 목표물이 되어야만 했다.

목표물이 된다는 것은, 네가레스타니가 자신의 신조어인 'polytics'를 말할 때 계속해서 언급해온 것으로, 'polytics'는 타자성을 논하는 포스트-68 철학들에 지나치게 감염되고 만 'politics'를 대체하는 그의 용어다. 의심할 여지 없이, 이것이야말로 네가레스타니의 책의 가장 중요한 주장으로서, 앞으로 가까운 미래에 (이것이 아랍의 봄, 점거 [노란 우산] 운동, 그리고 2019년 홍콩을 들썩이게 한 송환법 반대 운동의 정치적 의제가 되었다는 이유 때문에라도) 이론으로부터 주목되어야 마땅하다. 목표물이 된다는 것은 우리의 주인공인 하미드 파르사니가 자신의 숱한 출판물에서 언급한 "열림의 수수께끼"에 가까운데, polytics의 핵심에 있는 것이 바로 이 수수께끼다. 파르사니에 따르면, 열림의 수수께끼란, 참된 열림은 근본적인 닫힘을 동반한다는 것으로, 이것은 '사랑'에 관한 다음 사례에서 분명해진다.

사랑과 관련된 열림은 그 자체가 외부 세계에 대한 한층 더 강력한 닫힘이다. 두 연인 사이에서, 열림은 처음에는 자기 둘을 외부로부터 그리고 자기들 안쪽으로 닫으려고 성립된다. 모든 형태의 사랑 (필리아philia)은 열림을 닫힘과 뒤엉키게 하고, 궁극적으로는 닫힘을 외부의 근본적 외부성과 뒤엉키게 하는데, 이로부터 불가능성만이 능동적으로 분출된다―닫힘의 불가능성만이, 외부를 감당함의 불가능성만이.

(2008, 220)

열림의 수수께끼, 이 거꾸로 된 공모의 메커니즘이 바로 들뢰즈의 또 하나의 타자성을, 투르니에의 또 하나의 섬을, 메이야수의 들뢰즈주의를, 무엇보다도 네가레스타니 자신이 제안한 polytics를 요약해준다. 그 결론이 되는 것은, 진정한 혁명, 진정한 변화의 본질은 무언가에 열림이라기보다는 무언가에 의해 열려짐이라는 생각이다. (가령 Negarestani 2008, 242 그리고 2011a, 15를 참고) 들뢰즈와 가타리의 되기의 정치(2008, 196을 참고)의 한 연속으로서 네가레스타니에 의해 제안된 polytics는 **닫힌열림**clopenness(닫힘과 열림을 융합하는 위상학[지형학]의 한 용어)의 생태계를 요청하는데, 이 생태계는 언어, 양심, 심지어 인간 (그리고 인간의 타자)에서 시작되는 것이 아니라 목표물이 될 필요, 무언가에 의해 열릴 필요에서 시작된다.

네가레스타니는 '무언가에 의해 열려짐'이 지닌 힘을 이렇게 요약한다.

'나는 당신에게 열려 있다'는 말은 '나는 당신의 시간 씀을 감당할 능력이 있다'거나 '나는 당신을 감당할 수 있다'는 말로 요약될 수 있다. 이 보수적인 목소리는 의지나 관심과 관련 있는 것이 아니라, 일종의 중온적 유대mesophilic bond로서의 감당 가능함이라는 필연성 그리고 생존 경제와 능력 논리와 관련 있다. 만일 당신이 감당될 수 있는 한계치를 넘어버린다면, 나는 금 가고, 찢기고, 열리게 될 것이다. 억압을 향한 그 전념, 생존의 독점을 향한 그 맹목적 욕망, 경계에 관한 그 권위주의적 논리에도 불구하고, '무언가에게 열림'이라는 차원은 편집증, 후퇴와 공공연하게 관련된 적은 단 한 번도 없다. 바로 이것이 자유주의의 역설이고 의인화 욕망의 역설이다.

(2008, 198)

'무언가에 의해 열려진' 상태가 된다는 것은 발명이자, 창조의 순간이자, 그저 발생해야 하는 사건이다—그것은 철저히 다른 삶의 가능성을 불러온다. '무언가에게 열림이 아닌, 무언가에 의해 열려짐'이라는 발상은, 왜 '또 하나의 타자성'의 정치가 '타자성'의 정치를 대체하는 것으로 이해가능한지를 말해준다.

네가레스타니가 보기에, 타자성의 정치는 하나의 유령이 되어, 그의 경우, 중동 지역의 탈식민 담론을 (에드워드 사이드를 떠올려 보라.) 너무도 오랫동안 괴롭혀왔다. 《감각의 논리》에서 들뢰즈의 타자 거부는 이미 '무언가에 의해 열려짐'을 강조한다. 로빈슨 자신이 타자들을 망각했다는 사실을 자각하는 바로 그 순간을 몹시도 강조하는 것이다. ─"그 빛들이 내 의식에서 사라져버렸다. 오래도록, 내 환상이 키웠던 그 빛들은 줄곧 내게 닿았다. 이제 그게 끝났고, 암흑이 다가왔다"(Tournier in Deleuze [1969] 1990, 309). 이 빛, 그러니까 낮과 밤과 사계절을, 인간의 지리물리적 위치를 결정하는 이 타이머zeitgeber, 온갖 외양을 한 휴머니즘은 더 이상 거기 있지 않다. 암흑 속에서 그는 활기차고 더 온화하고 더 우애 넘치는 또 하나의 섬과 더불어 실험에 나선다.

'또 하나의 타자성'은 타자와는 아무 관련이 없다. 데리다의 《환대에 관하여 Of Hospitality》를 읽어보자─"절대적인 환대에는 내가 나의 집을 개방하는 것이, 외국인(성씨가 있고, 외국인이라는 사회적 지위가 있다고 가정할 경우)에게만 주는 것이 아니라 알려지지 않은, 익명의, 절대적인 타자에게도 주는 것이 요구된다"(Derrida and Dufourmantelles [1997] 2000, 25). 데리다와 마찬가지로 사이드 자신도, 동양을 유럽의 타자로서 무대에 올림으로써(Said 1979, 1) 그둘의 상관관계를 질문하고 확장한다. 하지만 두 사람 모두 '무언가에게 열림'에 관해서만 이야기하고, '무언가에 의해 열려짐'에 관해서는 이야기하지 않는 것은 아닌가. 데리다는 여전히 스스로 제 집을 개방할 때 (데카르트적인 그리고) 칸트적인 주체에 대해 이야 기한다. 사이드가, 자기를 동양에 개방하는 유럽을 그려내는 방식 과 동일하게.

이것이 바로 네가레스타니, 들뢰즈, 투르니에가 제거하려 하는 류의 휴머니즘이나 인간중심주의가 아니던가? 또한 바로 이 들뢰 즈식의 '또 하나의 타자성'이, 이 네가레스타니식 polytics가, 또는 어쩌면 로빈슨식의 '또 하나의 섬'이, 파르사니식의 '석유의 철학' 이, 온 힘을 다해서, 우리에게 실로 다른 이 혁명을, 스피노자주의 적 혁명을, 유물론적인 혁명을 제시하고 있지 않던가? 네가레스 타니는 '타자'를 거부할 때 맹렬한 태도를 보인다—"열리게 된다는 것, 또는 열림의 화학을 경험한다는 것은 '나 자신을 열어젖힘'을 통해서는 가능하지 않다…근본적인 열림은 외부를 위한 하나의 목표물 이상이 될 때에만 유발될 수 있다…우리는 외부의 외부적 힘을 유혹해야만 한다"(2008, 199).

또 하나의 타자성은 어떤 타자에게, 어떤 외부에 연민을 느끼거 나 그렇지 않은 하나의 '자아'를 전제하지 않는다. 네가레스타니의 polytics는 급진적인 외부다. 그리하여 이 '새로운 지구'(들뢰즈와 가 타리가 《안티 오이디푸스》에서 제시하는 개념)는 또한 결코 **지구의 것** 일 수 없다. (즉, 그 새로운 지구는 그것의 재산일 수 없다.) 네가레스 타니는 이렇게 이야기한다—"들뢰즈와 가타리가 은밀하게 자기

식대로 사용한 '새로운 지구'는 그 모든 지표면이 비-지상인 어떤 지구 모델을, 태양 경제도 용납하지 못하고 그 자신의 육지성도 용납하지 못하는 말기적 상태의 행성적 신체를 제시한다"(2008, 43). 실제로, 이 새로운 지구는 무언가에 의해 열리고 있지, 무언가에게 열려 있지 않다. 이 새로운 지구는 그 어떤 것(종교, 휴머니즘, 자본주의)도, 심지어는 지구 그 자체조차도 용납하지 않는다. 이 지구는 현재와 그 정상적 상태 전체에 저항한다. 이 지구는 알려져 있지 않은 자기 자신의 저류에 의해 열리고 있는데, 이 저류는 모든 방향으로 은밀하게 흐르며, 횡단선들을 무한히 창조하고 있다.

저류를 향한 이러한 신화적 열망은 그 섬의 몸만이 아니라 로빈슨 자신에게도 똑같이 진실된 것이다. 로빈슨은 거의 순수한 기쁨의 상태에서, 아래쪽에서부터 분출하는 어떤 지구적 건강/질병에 의해 그 자신이 열리게 된다.

그는 자신의 폐가 자신의 외부로 자라난다고 상상했다. 마치 자줏빛을 띤 살의 꽃처럼, 분홍빛 막이 있는 산호의 살아있는 폴립 모체들처럼, 인간 조직의 스폰지처럼…그는 드넓은 허공에서, 그 섬세한 만발을, 그 살로 이루어진 꽃다발을 과시할 것이었다. 바로 그때 보랏빛 엑스터시의 조류가 진홍빛 피의 강줄기를 타고 그의 몸 안으로 흘러들 것이었다.

(Tournier [1967] 1997, 193-4)

네가레스타니도 비슷한 방식으로 '죽음의 지배necrocracy'를 축하한다. 그는 이렇게 주장하는 것이다. "죽음의 지배란 삶이 아니라 유기체가 죽는 것과 관련 있는 보전 경제의 물리적 한계를 의미한다. 그것은 그 유기체의 삶의 과정을 미리 규정하는 원래의 죽음으로 돌아가는 방법이기도 하다"(Negarestani 2011b, 192). 신체의 기관을 제거하는 것, 명령하는 홈들을 제거하는 것, 즉 죽음만이 유일한 탈추구다一"죽음의 지배는 그 유기체가 반드시 죽어야만 한다는 것을, 또는 그것의 보전 여건이나 경제 질서가 감당할 수 있는 방식으로만 먼저 있던 외부에 자기를 묶어야만 한다는 것을 시사한다"(Negarestani 2011b, 193).

결국 네가레스타니의 polytics는 "만일 생명이 살아감의 원천이라면, 왜 우리는 생존해야 하는 거지?"(2008, 201)라는 질문을 던지면서, 생명에 관한 새로운 이해를 선택한다. 생명 윤리가 생존 윤리에는 외부적이라는 점을, 생존이란 생명의 전염병적이고 압도적인 현존에 저항하는 하나의 수단이라는 점을 우리가 깨닫기만 한다면, 친-생명적이라는 것은 본질적으로는 반-생존적이라고 결론내려야만 한다. 또는 네가레스타니가 결론내리듯, "살아있는 존재자에 대한 생명의 외부성을 생각해볼 때, 생존이란 그 자체로는 불가능하다"(2008, 210).

네가레스타니의 '근본적 편집증'은 (생존으로서의) 생명의 지속에 저항한다一"그 자신에게 닫히고 접힌 상태인 근본적 편집증은 외부로의 열림을 더는 신뢰하지 않는, 일종의 사변적 계열의 정신분열증이다. 왜냐하면 살아있는 존재자에게 외부란 그저 활력 넘치는 환경일 뿐이기 때문이다"(2008, 219). 그렇다면 그 외부는 **타자성**이다. 그것은, 네가레스타니의 주장에 따르면, 우리가 언제나 알고 있는 체제들을 다시 세우는 일종의 가능한 세계다. 그렇다면 이것은 우리가 익히 알았던 생존이다―이것은 살아남기에 (그가 그 안에 살았었던 자본주의적, 종교적인 홈들에 계속해서 진심이기에) 집착한 디포의 로빈슨인 것이다. 그렇다면 "환경(즉, 경제적 외부)의 일부가 된다는 것은 생존한다는 것이다"(Negarestani 2008, 219).

네가레스타니는 무언가 다른 것에 빠져 있다. 이미 우리는 자크 데리다와 에드워드 사이드의 글들에서 치켜세워진 타자성을, 그것의, 무언가에게 열릴 윤리적 필요를 거부한 바 있다. 자, 네가레스타니 역시 컨텍스트 외부에는 아무것도 없다는 데리다의 주장을 거부한다. 정반대로 그는 우리에게 모든 가능한 컨텍스트화를 제거하라고 촉구하는 듯하다. 예전의 해체와는 달리, 근본적 편집증은

그것 덕에, 그것으로 인해 제 생존이 가능하게 되는 경제적 외부(환경)로부터 자기를 분리하려 한다…근본적 편집증은 살아가기(생존)의 편집증과 경제적 개방 간의 결합을 분리해낼 수 있는 것으로서, 그리하여 감당불가능한 외부와 관련된 자신의 피억압 상

태를 끝낼 수 있는 것으로서 생존을 재조형한다. 근본적 편집증 안에서, 생존은 경제적 개방의, 감당가능성의 기생적 (서로에게 유익한) 증후가 더 이상 아니다. 그것은 자기의 활력 넘치는 야망에 불복종하는 하나의 사건이다.

(2008, 219)

다른 식으로 결론 내리면, 네가레스타니가 말했듯, "생존을 개방성으로부터 분리해내면, 생존은 근본적 외부성과 그것의 완고한 불가능성을 대신해 전략적으로 행동할 기회를 얻게 된다"(2008, 220).

우리는 로빈슨이 스페란차에 발을 디딘 바로 순간에, 이 질문(왜 당신은 생존해야 하지?)을 로빈슨에게 던져볼 수 있다. 로빈슨이 "이곳은 철저히 이질적이고 적대적인 곳이다…그의 보트는…그 자신과 삶을 이어주는 그가 가진 유일한 연결고리였다"(Tournier [1967] 1997, 36-37)는 점을 즉각 이해했던 바로 그 순간 말이다. 로빈슨은 새로운 유형의 삶을 실현하려면, 그 자신의 지상의 건강/질병을 찾아내려면 자신이 먼저 죽어야만 한다는 점을 알았다. 죽음은 지속가능성으로 이어진, 그에게 가능한 유일한 경로였다. 또한 인류 이전에 있던 섬의 운동을 포착하고, 종교와 자본주의로부터 해방되고, 타자들로부터, 우리를 어떤 홈에 갇힌 정신으로 만들어버리는 세속적인 몰두로부터 해방되는, 그에게 가능한 유일한 경로였다. "땅에 밀물이 들어오기 시작했다. 해변은 밀려드는 파도와 더불어 하나의 포효였다. 바다-이sea-lice와 장고 벌레들은 고지를 향해 허둥지둥 달려갔다"(Mishama [1956] 2000, 64).

바다는 그의 보트를 집어삼켜야 했고, 그것이 해저로 가라앉게 해야 했다. **수면에 잔물결을 전혀 남기지도 않은 채.**

3

나는 무언가를
볼 수 있다

지구/땅을 여는 균열, 몸을 여는 상처라는 이 책의 중심 주제를 소개할 차례다. 책의 앞부분에서 많이 예기된 내용이지만, 이 균열이 무엇인지에 대한 규정이 아니라 이 균열이 무엇을 할 수 있는지에 대한 탐구 내지 지도그리기로써 나아가려 한다. 3부에서 나의 성찰은 무라카미 하루키의 작품에 앞부분보다 더 많이 의존한다. 그건 이 균열이 그의 소설들의 중심 개념이라고, 또는 어쩌면 그 소설을 낳은 실제적 이유라고 내가 읽었기 때문이다. 무라카미의 작품들에서 모든 것은 이 균열에서 시작된다. 즉, 우리로 하여금 하나되어 행동하고 우리의 차이점들을 극복하고 함께 생각하도록 강제하는 무無 또는 이 열림에서.

대상과 주체 간 대립이 아니라 균열과 상처를 연결하는 연속(성)이야말로 내가 지금 제시하고 있는 물질 철학의 키워드이다. 이 책의 2부에서 소개된 인물인 기하학자는 계속 달린다. 육지와 바다 양쪽에 윤곽을 만들어내는 해변들을 배회하며, 우리의 기하학자는 무라카미가 우리에게 소개해주는 인물들과 여정을 함께한다. 그리고 이 인물들은 자신들의 그림자를 데리고 와서는 우리를 삶의 저류들 속으로 안내한다. 그리고 거기에서 우리는 균열과 상처를 발견하게 된다. 이제껏 시인 조에[조이] 부스케Joë Bousquet만큼 상처의 중요성을 아름답게 요약한 사람도 없다. 그는 우리에게 이렇게 말한다. "내 상처는 나 이전에 존재했고, 나는 그것을 구현하기 위해 태어났다"(Deleuze [1969] 1990, 148). "자기만의 불행을 지닌 자가 되어라. 그 불행의 완벽함과 빼어남을 체화하는 법을 배워라" (ibid, 149). 이러한 말들을 마음에 담은 채, 내 사색을 계속하겠다고 제안하고자 한다. 그 균열과 그 상처를 내 유물론의 출발지점으로 삼아.

나는 사람이 아니야,
알겠니?

무라카미 하루키는 수면과 저류를, 영토와 지구를 알고 있다. 초기작들에서부터 그는 자신이 능숙한 스피노자적 기하학자임을, 시간과 공간의 위상학[지형학]적 가능성들에 염증을 느끼는 것 이상임을 입증해왔다. 예컨대 《코끼리가 사라지다》에서 우리는 어느 마을에 가 있게 되는데, 그곳에서 한때 동물원이었던 곳의 유일한 매력은, 어떻게든 제 사육사와 함께 사라지고 마는 한 코끼리다. (그 코끼리의 몸집과 접근 가능한 길을 생각해볼 때 불가능한 이야기다.) 첫 단편소설에서 H. P. 러브크래프트가 '닫힌채열린clopen' 피라네시Piranesi* 느낌이 있는 내부성(열려 있기도 하고 닫혀 있기도 한 내부성, 《에리히 잔의 선율 The Music of Erich Zann》**을 생각해보라)의, 알려지지 않은, 알 수 없는 비밀을 가지고 실험하는 방식과 비슷하

---

* Giovanni Battista Piranesi. 18세기 이탈리아 판화가이자 건축가.
** 러브크래프트의 소설이다. 바로이북 출판사에서 ePub 형태로 출간한 번역본이 있다.

게, 초기 무라카미 역시 세계에 난 하나의 균열 주위를 맴돈다. 또 하나의 지구의 실존을 알리는 벌레 먹은 구멍 내지 텅 빈 해답 주위를.

그런데 나중에 무라카미의 작품에서 그 균열은 중심 무대에 있지 않다. 오히려 그것은 절대적인 것이 되어버린 것 같다. 그 균열이 더 이상 기이한 것이 아니라는 점에서 그렇다. 대신 그 균열은 우리가 지금 살고 있는 완전히 다른 지구에 **전적으로 책임이 있다**. 3부작으로 된 《1Q84》에서 이러한 (작은 사람들에 의해 만들어진) 또 하나의 타자성은 (도쿄에서 치쿠라까지) 가능한 모든 공간으로 숨을 내쉰다. 그리고 예컨대 하늘은 이제 항상 두 개의 달을 데리고 다닌다—우리가 항상 알던 달은 이제는 그 달을, 엄마를 쫓아다니는 딸처럼, 유령처럼 쫓아다니는 어느 작은, 흉측한 녹색 달과 함께 다닌다. 그리고 '공기 번데기'가 모두를 유령처럼 괴롭힌다. 모든 곳에서 만물을 복제해내는 그것의 능력 때문이다.

이것이 모든 것을 바꿀 것이다. 아니면 모든 것이 이미 바뀌었다.

이 두 번째 달은, 지금 시점에서는, 적어도 1Q84년(들뢰즈라면 생각했을 또 하나의 1984년) 이래에는 무언가와 연결되어 있는 어두운 저류들이 모든 곳에서 흐르고 있음을 우리에게 확인시켜준다. 이 저류들은 모든 형물에서, 모든 건물에서, 드러난 표면에 형태를 입히는 모든 말들에서 어슴푸레 빛을 낸다. 이 형물들은 모여서 그늘들의 변주를, 가벼운 그늘들에 대비되는 무거운 그늘들을 빚어낸다. 그리고 이 그늘들은, 다니자키 준이치로가 그렇게 말하겠지만, 겹치고, 교차하고, 새로운 형태를 만들고, 다른 표면들과 함께 논다. 《1Q84》에서 또 하나의 표면의 실재는 절대적인 것이 된다. 하지만 또 하나의 타자성의 존재가 모든 장면에 적극적으로 기록되는 것은 특히, 무라카미의 작품 중에서 가장 널리 읽힌 소설인 《해변의 카프카》에서이다. 게다가 기하학자가 주체성에 관한 완전히 이질적인 생각을, 이 세계를 상상하는 완전히 이질적인 방법을 언제나 이미 우리에게 제공해준다는 점을 무라카미가 우리에게 보여주는 것도 바로 이 책, 이 이중 초상화에서이다.

《해변의 카프카》에서 지도 제작을 수행하는 이들은, (도쿄에서 다케마쓰로) 여행하는 (그러나 함께 여행하는 것은 아닌 듯한) 두 인물인 카프카 투무라와 나카타 사토루다. 무라카미의 작품이 늘 그러하듯, 이 주인공들에게는 '자세히' 발전되는 디테일이 없다. 오히려 이들과 이들의 여행은 시몽동주의적 의미에서 이야기를 위한 매개물(변형물)로서 기능한다―이들은 "다양한 요소들의 시너지 창출 관계로 매듭지어지는 사태"(Massumi 2009a, 43)를 인간으로서 구현한다. 그리고 이것이 하나의 상황을 빚어낸다. 무라카미의 인물들은, 이야기가 전개되는 '시점'으로서 기능하지 않는다. 이들은 우리의 관심사가 되어야 할 '다른 요소들'에 상대적인 이들이 아니다. 도카이도(도쿄와 교토를 잇는 주요 도로)의 53개 정류장을 그린 것으로 유명한 우키요에 예술가 안도 히로시게Ando Hiro-shige(1797-1858)의 축측투영적axonometric* 풍경과 마찬가지로, 이들의 여행은 무수한 몸들을 따라 뻗어 있는 공간을 보여주는데, 이 몸들은 똑같이 중요하고, 똑같이 조명되고, 또는 더 낫게는, 자기들을 둘러싼 그늘들에서 배어나오는 희미한 빛으로서 출현한다. 그리고 이쿠Ikku의 야지와 기타**의 누아르 이인조인 카프카와 나카타를 통해서만, 이러한 시너지 발생 관계들은 자신들의 절대적인 탈영토화를 실행한다.

《해변의 카프카》에서 이야기는 카프카와 나카타가 번갈아 중심무대에 등장하는 챕터들(카프카는 홀수, 나카타는 짝수 챕터)을 따라 뒤로 갔다 앞으로 갔다 한다. 둘은 서로 만날 수는 없되, 마치 같은 동전의 양면을 각자 걷는 것처럼 서로 동행한다─각자는 서로에게 현재 존재하지 않지만, 각자의 결과에서는 실재적이다. 하지만 둘은 너무도 다르게 각자의 여행을 하는 것처럼 보이기에, 둘의 이야기는 서로에게 아무 관련이 없다. 다시 말해, 이중구조의 챕터들은 다른 존재 모드를 실행하지만, 그것들은 하나다. (그리고 동일

---

* 축측투영(법)이란 물체를 경사시켜 두고 여기에 평행한 투영선으로 투영하여 그리는 도법이다. 입체적으로 표현할 수 있어, 주로 기계나 건축물의 세부 구조를 그리는 데 사용한다.
** 이쿠는 시게다 사다카즈(重田 貞一, 1765~1831)의 필명이다. 야지와 기타는 그의 소설 《동해도를 도보로 여행함(東海道中膝栗毛)》에 나오는 두 인물이다.

한 것이다.)

 '까마귀라고 불리는 소년'으로도 알려진 카프카 투무라(카프카
는 체코어로 '까마귀'라는 뜻이다)는 공중을 달아다니고, 한곳에서 다
른 곳으로 빠르게 직진하여 움직이며, 안쪽으로 들어가려고 그리
고 그 안에 머무르려고 늘 서두른다─도서관 안쪽부터 숲 속 집
의 안쪽까지, 그리고 다시 돌아와 카프카는 피난처를 찾는다. 책
전체에서 그는 '새로운 집'을 만들어내기를 원한다. 너무도 안전
한 나머지 "현실의 기능과 비현실의 기능이 서로 협동하게 되는"
(Bachelard [1958] 1969, xxxi) 그런 환경을. 왜냐하면 그의 삶에서
는 이런 일이 일어나지 않기 때문이다. 그리고 이런 비협동은 무
섭다, 죽을 만큼. 카프카의 열망은 생령生靈(일본어로는 이키료いきり
ょう)이 나오는 어떤 집을 향한 열망이다. 어떤 새로운 집을 찾아내
는 것이 그의 모든 여행의 목표다. 다시 바슐라르를 인용하자면,
"집은 몽상을 지켜주고, 집은 몽상가를 보호해주고, 집은 누군가가
평화로운 상태에서 몽상할 수 있게 해주"([1958] 1969, 60)니까.

 카프카의 여정이 이야기의 뼈대를 이루고 있다. 피난처를 찾고
자 하는 그의 열망이 책 전체의 지배적인 '전진하는 서사'를 채우고
있는데, 그의 두려움이 어떤 식으로 생기는지, 자신의 편집증을 스
스로 어떤 식으로 해결하는지, 둘 다의 측면에서 그렇다. 예상할
수 있듯, 학대하는 아버지와 그가 사랑하는 어머니가 이번 여행에
서 핵심 역할을 한다. ('마자콘mazakon'은 실제로 오이디푸스 콤플렉스

를 말하는 유명한 일본의 개념으로, 영어 '마더콤(플렉스)'에서 유래했다.) 이러한 두 개의 극 (이 극들이 펼쳐지는 것은 오직 책의 절반에서이다.) 사이에서 기록되는 인물인 학대하는 아버지(역사)와 사랑하는 어머니(미래)는, 카프카(매개물)가 역사적 문제(암흑의 아버지)와 미래의 해법(깨달은 어머니)을 동시에 만들어내는 만큼, 그들 스스로 (결정적으로 현재의 형태를 띠는) 줄거리 안에 녹아든다.

이러한 문제들 속에서 카프카가 제 길을 찾아가는 방법은, 그때까지 여전히 자신의 전지전능한 초자아였던 것, 즉 '까마귀라 불리는 소년'을 통해서 그 문제들을 파악하기 시작하는 것이다. 스스로 늘 죽은 집이라고 생각했던 집을 떠나려고 가방을 꾸리는 책의 첫 장면부터 카프카의 불안은 드러나는데, 이 불안은 이러한 내적 갈등으로 표현된다. 이 불안을 그는 여행을 하면 할수록 극복해낸다. 부끄러운 과거로부터 멀리 벗어나 사에키 양의 자궁에서 궁극의 피난처를 찾아내면서. 사에키는 15세의 생령이면서 동시에 50대 여성인데, 카프카의 생각으로는 자기 엄마에 다름 아니다. 카프카가 마침내 안식을 찾아내는 것은 바로 이러한 궁극의 내부성(사에키 양의 자궁) 안에서이다. 그의 여행의 끝, 그의 죽음이 그에게 이러한 장소를 선사한다. 이 장소는 "안정적이고, 움직이지 않고, 만질 수 없고, 아무도 손대지 않았으면서도 거의 손댈 수 없으며, 변치 않고, 뿌리 깊은"(Perec 1999, 91) 곳이라는 표현으로 가장 잘 묘사될 수 있다.

고양이와 대화를 나눌 수 있는 능력으로 유명한 우리의 두 번째 주인공인 나카타 사토루는 도시의 내부를 기어서 다닌다. 무라카미는 나카타를 통해 나쓰메 소세키의 1905년 판타지 작품 《나는 고양이로소이다》의 고양이를 연상시킨다. 또한 카프카가 여러 면에서 한 마리의 까마귀라면, 나카타는 자신이 한 마리의 고양이임을 반복해서 입증한다. 그리하여 카프카가 다카마쓰 시로부터, 결코 하나의 집은 아니었던 집으로부터 벗어나 멀리 날아간 것이 상상 불가능한 암흑으로부터의 피난처가 필요했기 때문이었다면, 본능과 움직임에 이끌린 채로 나카타는 나카노 시로/그 안으로/그곳으로부터 더 멀리 멀리 기어들어가는데, 그건 그가 도망치기 때문이 아니라 "적당한 장소에 있는 어떤 중요한 것"을 언제나 이미 쫓고 있기 때문이다.

바로 이것이 두 주요 인물이 서로에게 **불가능한** 존재가 되게 한다. 카프카는 현재 상황에, 그것을 규정짓는 투쟁 일체에 붙들려 있다. 즉, 그는 현재에 대한 두려움(비판?)에 끌려가지만, 그것에서 헤어날 능력은 없다. 반면, 나카타에게 현재란 없다. 낙천적이고 창의적인 고양이인 나카타는 시간에 붙들리기에는 지나치게 영리하고 빠르고 강력하다. 나카타는 시간을 동료로 삼고, 가끔은 그것을 (웃음과 더불어/웃음이 되어) 가로지르고, 암흑으로부터 깨어나서는 다시 암흑 속으로 녹아들어간다. 어떤 과거도 어떤 미래도 알지 못한 채로. 나카타의 개입은, 그럼에도, 모든 것을 뒤바꾼다.

예컨대, 이야기의 종결부 즈음에서, 적당한 장소에 있는 어떤 중요한 것을 나카타가 실제로 찾아낼 때 이런 일이 벌어진다. 이 어떤 중요한 것은 "입구의 돌"로 밝혀지는데, 그는 이 돌과 대화하는 법을 배운다. 그리하여 카프카(이쪽)의 함정과 나카타(다른 쪽)의 함정이 입구의 돌과 더불어 일치한다는 점을 (비록 그 둘 사이에 유사점은 없지만) 우리는 알게 된다. 나카타가 이 돌을 돌리면, 그 후엔 '이쪽'과 '다른 쪽' 사이의 자유로운 운동이 아마도 그들 모두를 해방시킬 것이다.

'다른 쪽'에서 나카타가 살아가는 이유는, 책의 도입부에서, 미국방부의 극비 파일 안에서 설명된다. 이 파일에 따르면, 나카타는 어렸을 때 "상상 불가능한 빛"을 경험했다. 1944년, 16명의 학생 무리가 어느 시골의 야산에서 (버섯을 따다가) 알 수 없는 이유로 "의식을 잃고 마는데" 그 중에서 유독 나카타만 그 상태에서 결코 "회복되지 못한다." 그리고 이 "사고"의 결과로 그는, 자기가 자란 도시로는 결코 돌아가지 못한 채, 자기만의 서브-도시를 (나카타는 읽고 쓰는 능력이 없는데, 그 도시를 이렇게 부른다) 얻게 된다. 책의 후반부에서 선생님은 프로이트적인 설명을 암시하는 것처럼 보이는 색다른 이야기를 들려준다. 즉, 나카타로 하여금 다른 동료 학생들과 다른 식으로 행동하게 한 것은 가정 내 폭력이었다는 것이다.

카프카와 나카타 같은 인물들이 프로이트적인 방식으로 "서로에게 미끄러져 들어간다"고 결론짓고 싶기도 하다. 무라카미는 프로이트를 읽은 작가이고, 정신분석학에 크게 공감하는 사람임이 분명하다. 하지만 서로 공명하면서 발생하는 그의 '두 쌍'(카프카와 나카타, 실재와 비실재, 빛과 어둠)은 인과관계가 없으면서도 극히 유의미한 서로 횡단하는 연결점들이기에, 그의 세계는 C. G. 융(1960)이 말한 '공시성synchronicity'(이것은 무라카미 자신도 사용한 용어다(Murakami [2010] 2012, 1070, 382 참조))에 가까워진다. 카프카와 나카타는 동시에 살아간다. 이들은 어떻게든 서로를 생생하게 **상상한다**는 점에서 그렇다. 무라카미의 인물들은, 언제나 둘씩인데, 둘만의 불가능한 상호작용 속에서 세심히 설계된 춤을 춘다. 카프카와 나카타의 여행은 과거 트라우마의 정신분석학적인 (재)발견이나 (재)공유를 통해 진행되지는 않는다. 역사는 때로 다시금 재조립되기도 하지만, 발생된 사건의 원인을 추적하기 위해 재조립되는 경우는 결코 없다. 도리어 역사는 또 다른 미지의 공간이 빚어낸 결과물이다. 역사는 형성되고 있는 표면들을 설명하는 하나의 수단이다. 역사는 니시타니 게이지Nishitani Keiji라면 '회복'(1982, 65)이라고 부를 어떤 것이다.

회복이란 발생한 사건을, 복원하고 덮어주는 능동적 과정으로 여긴다는 것이다. 회복은 시대에 따라 발생하는, 계속되는 깨달음

의 과정이다. 회복은 관계로부터, '내적-관계작용intra-action*'이라고
말해야만 하는 것으로부터 나온다. (선)불교적 사상의 오랜 전통
과 결을 같이 하면서 (그러나 가령, 이 책의 다른 곳에서 내가 논의하
듯, 우리 시대의 양자역학을 우리에게 환기시키면서) 니시타니의 현상
학은 "중요한 것은 사이에서 발생하는 것"이라고 강조한다. 무라
카미가 창작해낸 인물들 역시 그저 발생한 사건의 결과물로 봐야
한다. 니시타니는 그 인물들의 '무無'를 강조할 것이다─"왜냐하면
인간의 모든 활동은 절대적인 무와 일체되는 상태에서만 제 정체
를 드러낼 것이기 때문이다. 그러나 정확히 바로 이 지점에서 그
것들은 가장 실재적인 무언가로 여겨질 텐데, 그것들이야말로 궁
극적 자기다움의 표현에 다름 아니기 때문이다"(Nishitani 1982, 73).
　중요한 것은 사이에서 발생하는 것이라는 생각에서 출발하면,
무라카미가 빚어낸 모든 인간, 모든 사물, 모든 형상[형물. 등장물]
들(figures, 나는 이 용어를 선호한다.)은 전부 관계의 결과물이다. 오
직 둘이 함께할 때만 카프카와 나카타는 저주받은 자들이 지배하

---

*　카렌 바라드가 제시한 개념으로 알려져 있다. A와 B 사이에 어떤 행위/작용
이 일어날 때 보통 A와 B 사이의 상호작용·interaction이라고 부른다. 이 개념
은 이처럼 그 행위/작용 이전에 A와 B가 먼저 존재한다고 가정한다. 이와는
다르게, intra-action은 (행위/작용 이전에 존재하는 A나 B라는 존재자가 아니
라) A라는 행위성과 B라는 행위성 사이에서 일어나는 관계작용/관계활동을
뜻한다.

는 것처럼 보이는 다카마쓰 시의 뒷골목과 외곽과 숲들을, 도시의 구역을 회복한다. 이곳에서 이들은 우리에게 비실재적인, 몽환적이고 악랄한 인물들, 이를테면 센더스 대령과 조니 워커 같은 인물들을 보여준다. 너무도 많은 역사를 회복하는, 이제는 '하나의 삶'을, 사악하고 악랄한 삶을 부여받은 인물들 말이다. 그리고 이들은 자신들의 환상적인 회복들을 잘 알고 있는데, 이 점이라면 (포주) 샌더스 대령이 우리에게 확신을 심어준다. "나는 사람이 아니야, 알겠니? 내가 이걸 너에게 몇 번이나 말해야 할까?…매춘 알선은 널 여기로 데려오기 위한 수단일 뿐이야…난 어떤 형태도 없어…난 실체도 없어. 나는 하나의 추상적 개념일 뿐이야" (Murakami [2002] 2005, 285).

언젠가 무라카미 자신은 자신의 모든 글에 '실재'와 '비실재'가 얼마간 정말로 들어가 있다고 주장한 적이 있다(Gabriel, 122). 그렇다면 우리는 실재가 카프카이고 비실재는 나카타라고, 실재는 빛이고 비실재는 암흑이라고 말해도 될까? 실재는 학대하는 아버지, 사랑하는 어머니 그리고 무엇보다도 우리를 한 곳에서 다른 곳으로 날아가게 하고, 또 되돌아오게 하는 그 모든 두려움에 관한 것이라고 말해도 될까? 암흑 속에서 기어다니는 비실재는 저류다. 실재 안에서도 매우 활동적이고, 가장 그럴 것 같지 않을 때 그 실재에 개입하는.

또한, 그 돌을 돌리는 것도 바로 그 비실재다.

그늘 속
그늘

무라카미의 이야기들에서 창세기는 빛과 암흑의 본래적 차이가 무엇인지를 말하는 것과는 무관하다. 즉, 무라카미의 명암배분법은 언제나 그늘 놀이와 관련이 있다. 그 어떤 초상도 알지 못하고, 하지만 우리에게 '경치의 경치화'만 보여줄 뿐인 그늘. 또한, 결국 무라카미는 구체적인 특성과 일련의 자질을 갖춘 인물들을 다루지 않는다. 도리어 그는 첫 페이지부터 마지막 페이지까지 **지구적인 나타남의 과정**을 쓴다. 그의 서사는 서로 다른 그늘들 사이에서 직조되는데, 모든 것이 일어나지만 실제로는 어떤 것도 발생하지는 않는 무늬 만들기 과정이다. 그 이야기들은 그 자체로는 앞으로 나아가지 않는다.

이미 언급했듯, 카프카의 '안쪽으로 들어가려는' 욕망/두려움을 거울처럼 비추는 것은 나카타의 깨고 나가려는 욕망/호기심이다. 이들의 동시성은 동일한 숨결의 두 가지 양태를 보여준다. 또는 밀란 쿤데라의 용어([1983] 2009)로 하자면, 카프카는 영원히 내부

(무거움, 암흑)로 떨어지는 누군가가 되어야 하는 누군가(새)이고, 반면 나카타(고양이)는 떨어지는 것(가벼움)을 결코 두려워하는 법 없이, 빛을 향해, 밖으로 올라가야 하는 누군가가 되어야만 한다. 다시 말하지만, 이것들은 (스피노자적 용어로 말하면) 동일한 것들이다. 이 점을 말해주는 것이, 결국 '떨어지게' 될 때 발생하는 사건으로, 카프카가 제 그림자와 하나되는 상태를 두려워한다는 사실이다. 바로 그 순간, 나카타는 (소설 시작 부분에서 함께 여분의 돈을 벌었던) 잃어버린 고양이 찾기를 중단하게 되고, 제 그림자의 나머지 절반을 (오직 빛 속에서만 발견될 수 있는 것이다) 찾기 시작한다.

무라카미는 계속해서 옛 일본 민요 하나를 부른다. "우리가 모으는 덤불, 그걸 같이 쌓아두면, 오두막이 된다네, 다시 그걸 풀어헤치면 또 다시 들판이 된다네"(Tanizaki, 46).

지구적 나타남의 과정이 어떤 식으로 (《해변의 카프카》의 중심 사건이라고 부를 수 있을) 조니 워커의 죽음을 야기하는가라는 사례를 들어보려 한다. 조니 워커는 고양이들을 대상으로 생체 해부를 시행한다. 나카타가 도시의 가장 캄캄한, 가장 아리송한 뒷골목으로 유혹되는 꽤 긴 여정 이후의 사건으로, 나카타는 고양이들을 잔인하게 찢어발기고 그들의 심장을 먹는 워커와 마주친다. 워커는 나카타에게 자기를 죽이라고 요구하는데, 그것이 그 자신을 막을 수 있는 유일한 길이기 때문이다. 나카타는 "내가 내가 아닌 것 같다"(Murakami [2002] 2005, 136)고 말하고는 그를 두 번 칼로

찌른다. 피범벅이 되어 나카타는 잠에 빠져든다. 그러나 깨어났을 때, 그 피는 사라지고 없다. 하지만 그 피는 자신의 여행을 계속하는 것 같다. 왜냐하면 바로 그 시간에 다카마쓰 시에 있던 카프카는 뚜렷한 이유도 없이 피에 흥건히 젖은 채로 깨어나기 때문이다 (Murakami [2002] 2005, 64-5). 책의 뒷부분에서 피는 다시금 제 여행을 계속하는데, 인체의 내부든 외부든 가리지 않고 침투한다. 카프카는 이런 결론을 내리는 것이다. "나는 손가락을 벌리고 양 손바닥을 응시한다. 핏자국을 찾기 위해서이다. 그 자국들은 전혀 없다. 피 냄새도, 응고된 자국도 없다. 피는 이미, 소리를 내지 않는 자기만의 방식으로, 내부로 스며들었음에 틀림없다"(Murakami [2002] 2005, 210).

무라카미는 그 피가 어디에 있는지 우리에게 보여주는 데 큰 관심이 없다. 대신 그 피가 어떤 식으로, 어디에서 중요한지를/문제되는지를 우리에게 보여준다. 왜냐하면 비록 이 저류가 나카타로 의인화될 수는 있겠지만, 그건 어떤 식으로든 그 페르소나로 '한정되지는' 않기 때문이다—이 저류는 이 이야기 전체에서 균열을 일으킨다. 이 저류는 카프카/나카타의 추상적인 삶에 형태를 입힌다. 그것이 센더스 대령, 조니 워커, 모든 고양이들, 모든 동지들 그리고 그들 사이에 있는 모든 피에 생명을 입히는 것처럼 말이다. 모더니스트이자 데카르트적이며 논리를 찾는 자인 카프카는 이 저류를 두려워한다. (불교와 하이데거에서 영감을 받아) 니시타니

가 우리에게 가장 심각하게 경고하는 것은 바로 이러한 두려움이
다—미리 볼 수 없는 것을, 또 하나의 지구를 두려워하는 모더니즘
의 자아중심적 또는 로고스중심적 도그마 말이다. '절대적인 무'라
고 그가 부르는 것을 향해 나아갈 때에만 이러한 또 하나의 타자성
을 최대치로 만나고 느낄 수 있다는 것. "모든 것이 이제 진정으로
비어 있다. 그리고 이것이 의미하는 것은, 만물이 지금 여기에 자
기들을, 여여하게, 자기들의 본래적 실제 그대로, 존재하게 한다는
것이다. 이들은 자기들의 자기들다움, 자기들의 타타타tathata라는
모습으로 자기들을 드러낸다. 이것이 바로 탈-집착이다"(Nishitani
1982, 34). 아마도 이 이야기의 주인공일, 두려움 속에서 사는 카프
카를 거부하고, 나카타의 천진함을 향해 나아갈 때만 이러한 또 하
나의 타자성을 최대치로 만나고 느낄 수 있을 것이다.

그렇다면, 카프카가 제 모습을 드러내는 형이상학적 공간이 이
책의 줄거리를 (그 휴머니즘적이고 때에 딱 맞는 현실들을) 보여준다
면, 반대로 나카타의 실용적인 비인간 공간은 그 공간에 균열을 내
열어젖힌다. 고양이인 나카타는 무슨 일이 일어날지 아무 생각이
없지만, 그는 그런 상황을 두려워하지 않는다. 무슨 일이 일어날
지, 무슨 일이 일어났는지 그는 알지 못한다. 바로 그것이 나카타
가 "자기가 자기인 것처럼" 결코 느끼지 못하는 이유이다. (그는 자
주 이런 말을 한다.) 그는 공간을, 도시를, 주변환경을 느낀다. 그는
그 피가 다가오고 있음을 느낀다. 그는 결국 자신이 적당한 장소

에 있는 그 중요한 것을 찾아내리라고, 어떻게든 그러리라고 확신한다. 나카타는 미리 알 수 없는 자다. 그가 등장하는 챕터들에서, 이를 보여주는 사건이 끊임없이 일어난다. 예컨대, 트럭 기사 호시나는 보통은 상부에서 내려온 명령과 정해진 운행경로에 갇혀 있지만, 나카타를 만남으로써 새로운 공간과 환경에 들어가는데, 새로 나타나는 공간을 두려워하지도 않고 도리어 그것에 의해 영감을 받는다. 그 돌을 돌리면서 유령들은 생령과 만나는데, 그건 나카타가 속으로 다음과 같은 마법의 주문을 외우기 때문이다—**"내부인 것은 외부이기도 하다."** 일종의 '닫힌채열린 것clopen'이 작동하는 것이다.

(데카르트적인) **빛을 밝히는 생각**의 시대에, **그늘**을 빛과 별개로 존재하는, 그 자체가 하나의 힘인 무언가로 이해하는 것은 무척 어려웠다. 하이데거는, 특히 (테크놀로지와 예술을 다룬) 그의 후기 작품들에서 그러한데, 빛의 주문에서 암흑을 풀어내려고 노력한다. "시각으로 붙잡을 수는 없지만, 빛의 숨은 방출을 증명하고 선언하는 것인" (1984, 154) 그늘을 우리가 모든 곳에서 본다고 말하는 것이다. 그러나 우리 자신이 겁에 질린 채로 빛에 가깝게 말하기를 선호하긴 하지만, 언제나 이미 대상이라고는 존재하지 않는 어떤 밤에 둘러싸여 있는 영혼들이라는 점을 이해하려면 시를 더 읽어야 한다는 것을 이해한 사람은 아마도 가스통 바슐라르Gaston Bachelard뿐일 것이다. 지하실에서, 다락방에서, 무한한 **거대한 외**

부에서, 모든 곳에서 암흑이 우리를 기다리고 있다.

릴케 같은 시인들은 말할 것도 없고, 안토니 아리사 아스마라츠 Antoni Arissa Asmarats 같은 사진작가들은 그늘에서 시작해서 빛을 오직 그늘의 부재이게 한다. 하지만 여전히 이런 작업들은 드문 경우에 속한다. 다음과 같이 말할 때, 다니자키는 옳다.

그러니까 일본 방의 아름다움은 그늘의 변주가, 즉 가벼운 그림자에 대비되는 무거운 그늘이 좌우한다. 이것 말고 다른 것은 없다. 서구인들은 일본식 방에서 장식 하나 없는 창백한 벽면만을 인지하고는, 그 단순함에 놀란다. 그들의 반응은 이해할 수 있는 것이지만, 그건 곧 그들이 그늘의 신비를 이해하지 못했음을 드러낸다.

([1933] 2001, 29)

칠기, 금, 안쪽 방의 암흑. 다니자키는 암흑의 힘을 계속해서 강조한다. 또한 빛이 (주체와 대상을) 식별하고 가장 먼 구석에 있는 그늘을 없애는 데 어떤 식으로 그리 자주 동원되는지 (이는 기본적인 일본 공간 경험과는 정반대의 것이다.) 역시. 빛은 우리의 모던 영웅인 카프카가 그토록 끌려들어가는, 영토화하는 힘이다. 당연히, 나카타와 더불어서만 암흑을 참으로 해방시키는 사건이 일어난다. 어두운 물질의 힘을 느끼고 싶어하고, 자기의 배로 지구/땅을 건드리는, 기어다니는 고양이인 나카타는 그 지구/땅에 내포된 윤리를 느끼기 때문이다. 나카타는 빛이 생명(유기적이고 비-유기적이며 무-유기적인 것)을 만드는 것이 아니라고, 지구/땅 안에서 힘이 생겨나는 것이라고 느낀다.

모든 형태는 오직 어둠 속에서만 진화한다. 고립이 아니라 연결로부터 진화한다. 그늘들은 결합되었다가는 또 분리된다. 하나로 작동하는 그늘 속 그늘들을 그려내며. 제 존재를 보존하는 저류들을.

우리 시대의
균열

미셸 세르는 픽션과 논픽션의 차이가 최근에 학계에서 발명된 것이라고 되풀이해서 말해왔다. 그러니까 그 차이는 본질적으로 근대적인 것임이 분명하다. 이런 발상은 진리가 저기 외부에 있다는 (그리고 책에는 없다는) 아이디어에서 출발하는데, 학문적인 글은 예술가들이 생산하는 이른바 픽션이라는 책보다는 그러한 진리에 더 가깝다고 여겨진다. 물론, 이 모든 명시적이고 암묵적인 대립, 정의, 혐의는, 최소한으로 말해도, 매우 의심스러운 것들이다. 스피노자적 관점에서 진리에 관한 이러한 주장들은 전혀 말이 되지 않는다. 우리가 무라카미의 작품들을 읽을 때, 그 작품들이 우리를 안내하는 대로 나타남의 과정을 마음으로 그려낼 때, 독자인 우리에게 제시된 자유는 들뢰즈와 가타리의 작품들 그리고 세르의 작품들에서 솟아나오는 자유와 다르지 않다. 무라카미의 《1Q84》, 《해변의 카프카》, 아울러 미셸 투르니에의 《방드르디》에서 우리는 어떻게 비실재가 실재에 개입하는지를 읽어낸다. 실재와 비실재는 단일한 흐름의 부분들이며, 그 흐름 안에서 새로운 자연의 풍경들이 탐사된다―그것들이 예술을 생산해내고 지구철학을 생각한다.

위에서 언급한 무라카미와 투르니에의 책들은 오늘의 현실을 구성하고 있는 종교적, 휴머니즘적, 자본주의적 융합체에 여러 방식으로 이채롭게 개입한다. 그 결과, 이 책들은 우리가 그간 못봤던 철저히 다른 어떤 지구를, 즉 어떤 이유에서인지 전에는 생각하지 못했던 어떤 지구를 우리에게 제시할 힘이 있다. 이러한 책들 중 둘을 실제로 하나로 묶어주는 가장 비실재적인 순간부터 살펴보자.

무라카미의 《1Q84》에서처럼 투르니에의 《방드르디》에서도 커다란 염소의 죽음은 곧 예기치 못한 어떤 새로운 것의 출현이다. 두 책에서 한 염소[다산의 신 판Pan?]가 일종의 희생양 구실을 하는데, 그 염소는 매개물이 되어서는 또 하나의 지구가 자기를 구현하도록 촉매작용을 한다. 이 새로운, 미지의 지구는 지금 우리가 알고 있는 지구와는 전혀 관련이 없다. 《1Q84》에서 그 지구는 번데기의 열림으로 자기를 드러낸다. 《방드르디》에서는, 해변의 열림으로. 사실 이것은 두 권 모두에서 거대한 주제, 즉 표면 가운데에서 가장 매끄러운 곳이 **막 균열을 일으키려 한다는 주제**다.

내가 여기서 '또 하나의 지구'라고 말할 때, 내가 말하는 것은 가장 물질적인 의미에서의 지구일 뿐만 아니라 그로부터 따라나오는 (지구에 관한) 관념들이기도 하다. 그리고 내가 그 지구는 예기치 못한 것이라고 말할 때, 내가 말하는 것은, 어떤 이유로든 우리의 사유는 그 지구를 이해하는 데 역부족이라는 말이다. 근대 서구 사상을 다루는 법을 우리에게 제공하는 미셸 세르의 입장에 나는 전적으로 동의한다.

전투들을 둘러싼 세계를 치워버려라. 인류와 사이가 좋고 사물들은 정화시킨 갈등들과 논쟁들만을 보존하라. 그러면 우리는 무대를, 이야기와 철학과 역사의 대부분을, 사회과학 전부를 (이것들이 바로 그들이 문화적이라고 부르는 흥미진진한 스펙터클이던가?) 얻게 될 것이다. 주인과 노예가 어디에서 싸우는지를 단 한 번이라도 말한 누군가가 있던가? 오늘날 우리의 문화는 세계를 혐오한다.

([1990] 1995: 3)

우리의 책들로 돌아가보자. 무인도가 자기에게 제공하는 삶을 자기가 살 수 없음을 로빈슨이 깨닫게 될 때, 《1Q84》의 주인공 아오마메가 도쿄라는 도시가 예전에 자기가 알던 그 도쿄가 아님을 깨닫게 될 때, 자기를 드러내는 그 균열로. 그러한 깨달음의 순간을 나는 균열이라고 부른다. 두 책들을 그 책들답게 하는 것은 바로 그 균열의 순간이다. 두 책 모두 이 균열에서 발생한다.

독자로서 우리의 목표는 한 페이지에서 다음 페이지로 단어들을 따라가는 것이 아니다. 도리어 우리는 천천히, 극도로 작은 균열들을 느끼고, 그러면서도 옛 지구의 표면 중 가장 약한 부분들을 꼼꼼히 지도로 그려낸다. 그곳에서 살고 있다고 우리가 믿었던 지구, 조직되고 영토화된 바로 그 지구가, 우리가 책을 읽는 동안, 부드럽게 갈라지고, 딱딱한 표면에 균열을 내고, 그 안쪽에 있는 부드러움을 우리에게 보여준다. 이 번데기, 이 '펑the pop'은 매끄럽고, 무한하고, 안과 밖 양쪽에서의 압력에 저항하는 것이라면 최적의 형태를 하고 있다. 그러나 그 안에 있던 힘들, 우리에게는 숨겨져 있던 힘들이 이제 천천히, 그러면서도 꾸준히 표면에 자기를 드러낸다. 그리고, 물론이지만, 이것은 우리가 두려워하는 것이다. 우리는 모두 우리가 알고 있는 모든 것을 파괴할 무언가가 지금 막 발생하려고 한다는 것을 알고 있기 때문이다.

그 균열이 그 '펑'에서, 또는 도시의 경계들에서, 해변이나 섬에서 멈추지는 않을 것임을 우리는 잘 알고 있다. 몇 주 동안 이 책들을 읽으며 시간을 보낸다면, 우리는 로빈슨과 아오마메 모두 바로 이 균열 때문에 갈라지고, 상처로 찢기고, 열리게 됨을 감지하게 된다. 도쿄 시 전체 그리고 스페란차 섬 전체, 그곳에서 살아가는 동물과 식물, 언어들, 그곳을 살아가는, 생물권들을 이루는 유기체들, 이 모든 것을 그 균열은 건드린다.

이 책들의 첫 페이지부터 로빈슨과 아오마메는 이미 우리가 한 때 알았던 세계와는 전혀 다른 또 하나의 세계로 들어선다. 그 균열은 우리가 그걸 알아차리기 훨씬 전부터 늘 이미 발생해왔다. 로빈슨과 아오마메는 어떻게 자기들에게 균열이 발생했는지, 어떻게 그 무인도와 도쿄라는 도시에 균열이 발생했는지 알아내려 할 것이다. 무엇이 그 균열을 만든 것일까? 로빈슨은 우리에게 묻는다—왜 이 무인도는 내가 전에 살던, 인간이 거주하는 세계처럼 작동하지 않는 거지? 그곳의 가장 기본적인 시스템인 종교와 자본주의가 왜 여기에서는 작동하지 않지? 내가 불현듯 종속되어버린 철저히 다른 이 삶은 대체 그 본질이 뭐지? 아오마메는 궁금해한다—이곳은 대체 어떤 도시인 거지? (염소의 입을 통해서라는 예외만 빼면) 자기들을 드러내는 것에 전혀 관심이 없는 '작은 사람들'이 움직이는 어둡고 불분명한 이 비-장소는 어디지? 나는 이 도시를 느낄 수 없어. 철저히 다른 부드러운 맥박 속에서 자기를 드러내는 어떤 공포를 느낄 뿐. 이 미지의 새로운 도쿄는 조금씩 새어나가는 도시이고, 그 심장 박동은 파도와 같아. 이곳은 오직 그 액체적인 리듬 속에서만, 그 리듬으로만 존재하는 도시이지만, 나는 그 리듬에 맞춰 춤출 수 없어.

우리(로빈슨과 아오마메)는 미래가 우리에게 무엇을 줄지 알지 못한다. 확실한 건 죽음 뿐. 하지만 어떤 식의 죽음일까? 미래가 우리에게 줄 그 죽음은 파악할 수 없는 것(다시 말해, 감지불가능한 것)이므로, 그 다음에 무슨 일이 일어날지 우리는 알고 싶어 미칠 지경이다. 루크레티우스는 모든 것이 다시 나타나겠지만, 또 다른

형태로, 우리가 이미 익숙한 형태들과 전혀 닮지 않은 형태로 나타
날 것이라고 말했다. 새로운 형태가 형성될 것이다. 새로운 생물
권이 형성될 것이다. 이것을 우리는 기록해야 할까? 작은 돌이나
빵가루를 써서 최소한의 연속성이라도 확보해야 할까? 일종의 선
형성, 일종의 인과관계라도 붙잡아야 할까?

나카타가 이미 알아차렸듯, 이 세계에는 어떤 균열이 있다.
《1Q84》에서 아오마메는 변하는 세계에 대처하지 못하고 두려움
에 압도당한 채로 그 새로운 지구를 탈출할 방법을 찾아나선다.
《해변의 카프카》에서 다른 주인공 카프카 또는 까마귀라는 이
름의 소년도 가능한 한 자기의 삶을 지속하겠노라고 고집하며 비
슷한 반응을 보인다. 자기들에게 익숙한 영토들에, 자기들이 늘
사용해온 문법에, 자기들이 친숙한 기호와 이미지들에 집착하며,
카프카와 아오마메는 매일 저녁 우리가 하늘에서 보는 저 별들만
큼이나 진짜 같은 현실을 살아간다. 그러나 그 별들은 이미 수 천
년 동안 사라져버린 별들이다. 이 세계에는 어떤 균열이 있음을,
나카타는 몇 번이고 알아차린다.

나카타는 어떻게 그것을 아는 것일까? 그리고 대체 어떻게 로빈
슨은 돌연 현재의 섬 너머에 있는 '또 다른 섬'을 알아보는 것일까?
《해변의 카프카》에서, 이야기의 시작부터 그렇지만, 나카타는 카
프카와는 완전히 다른 인물이다. 카프카는 꽤나 젊은, 이성적인
남성이고, 그의 세계는 돌연 무너지는 것만 같다. 나카타는 전혀

이성적이지 않다. 적어도 카프카가 보기엔 그렇다. 나카타는 이상한 인물이다—고양이의 언어를 말하지만 인간의 언어로는 말하지 않고, 역시 인간으로서는 불가능하다고 생각되는 방식으로 움직이며, 밤에는 가장 기이한 장소들에서 갑자기 튀어나온다. 나카타는, 여러 면에서, '인간이 아니다.' 심지어는 비인간적이다. 어쩌면 그 이유로, 나카타는 현재 일어나고 있는 일에 극도로 민감하다—극도로 민감해서 우리 중 많은 사람들이 알지 못하는 방식으로 지구를 느낄 수 있다. 그는 멀리 떨어진 채로, 미지의 지구를 탐색하고, 그 미지의 지구가 어떤 형태의 삶을 허용할지 느끼기 위해 다른 형태의 언어를 늘 실험한다. 카프카는 이 이야기에서 전통적인 영웅으로, 예전에는 효과가 있었을지 모르지만 지금 그가 살고 있는 세계와는 아무 관련이 없는 정상적인 생각들을 확대할 방법을 필사적으로 찾아내려 하는 비극적인 인물이다. 그는 자신과 자신의 세계가, 모든 것이 죽을까봐 두려워한다. 하지만 그것은 물론 이미 발생한 사건이다. 오래 전에.

《방드르디》의 인물인 로빈슨에게는 카프카의 고집(근거 따지기, 공포)이 있다. 그는, 스페란차(섬)가 그에게 살라고 요청하는 삶을 그 자신이 살아야만 한다는 점을 가까스로 알아낸다. 아무도 살지 않는 그 섬에 살면서 그는 미지의 땅을 탐색해야만 한다. 즉, 그는 그 섬이 어떤 형식의 삶을 허용하는지를 느껴야만 한다. 그리고 로빈슨은 실제로 타자 없는 이 세계에서, 사유와 지구/땅이 다시

결합된 비영토화된 세계에서 살아가는 데 성공한다. 지구/땅이 다시금 사유의 대상이고, 동시에 사유는 지구/땅의 아이디어인 곳. '사유'와 '지구/땅'이 실제로 같은 것이 되는 곳.

아오마메, 카프카, 로빈슨, 나카타는 하나의 미학을, 자연에 관한 철학인 미학을 제시한다. 내 주장은, 이들이 가장 설득력 있게 그 미학을 제시하는 것은, 시간을 실천할 때라는 것이다. 이 책의 앞부분에서 소개한 몇 가지 시간 개념으로 돌아가보자. 이 시간 개념은 여기서 문제가 되는 바를 분석하는 데 무척 유용하다. 맨 처음, 아오마메와 카프카가 채우는 시간으로 현재라는 시간이 있다. 이들에게 과거와 미래는 현재에 상대적인 시간인데, 이것은 오늘의 종교적, 휴머니즘적, 자본주의적 현실의 결과물이다. 아오마메와 카프카는 현재 속에 단단히 직조되어 있는데, 바로 그렇기에 이들은 자기들의 상처를 두려워하듯 자기들 밑에 있는 지구/땅의 균열을 두려워한다. 이들에게 현재란 모든 것을 흡수하는 시간이다. 그들 자신이 현재에 의해 흡수되는 것처럼. 탈출구는 없다. 이들에게 현재는 지구/땅을 영토화하고, 지구/땅을 측정하고, 그것을 고치고, 제 기준에 맞추어 그것을 구현하려 한다. 시간은, 아오마메와 카프카의 경험에서는, 현재에서 현재로의 점진적인 이동이자 오늘의 종교적, 휴머니즘적, 자본주의적 현실 속에서의 느린, 조직화된 변화다. 하지만 언제나 너무도 빠른 변화. 너무도 위험한.

하지만 (책의 후반부의, 균열 이후의) 로빈슨과 나카타는 다른 시간을 산다. 훨씬 더 부드러운 시간, 양으로 측정할 수 없는 시간, 실제로는 현재가 없는 시간을. 이들은 오늘의 종교적, 휴머니즘적, 자본주의적 현실이 더 이상 중요하지 않은 어떤 세계를 산다. 이들의 시간은 가상의 과거와 가상의 미래를 알고 있다. 그러나 이 과거와 미래는 서로 아무 관계가 없다. 즉, 이 두 시간은 어떤 관계를 기대하지 않는다. 두 시간은 그 어떤 식으로도 조형되지 않은 채, 그야말로 자유롭게 떠다닐 뿐이다. 로빈슨과 나카타는 어마어마한 자유를 찾게 되는데, 그건 이들의 삶이 어떤 현재에, 그리고 그 현재가 흘러 들어가는 영역(그 과거, 그 미래)에 갇히지 않기 때문이다. 로빈슨과 나카타는, 얼굴에 미소를 띤 채, 그 어떠한 현재의 실현도 물리친다. 가상의 과거와 가상의 미래를 도구로 사용하여 현재와 조금이라도 유사한 그 모든 것에 개입하면서 말이다. 이들은 자기들의 여정에서 종교적, 휴머니즘적, 자본주의적 현실을 만나게 되면, 한결같이 그것을 가지고 논다. 이들에게 시간은 현재를 교란하고 탈영토화하는 방법을 찾는 데 필요한 어떤 것이다. 온갖 어려움으로 가득 찬 삶이지만, 이들은 아오마메와 카프카와는 매우 대조적으로, 기쁨으로 가득 찬 삶을 산다.

로빈슨과 나카타에게 현재란 무한히 연속되는 개입들에 열려 있는 영속되는 위기일 뿐이다. 현재란, 그것의 균열을 통해서만, 그 균열이 할 수 있는 것을 통해서만 이해하게 되는 어떤 위기인 것이다. 이들은 균열의 욕망(또는 힘)을 가지고 놀고, 그 균열이 어떻게 표면을 갈라놓는지 그 모습을 그려내고, 그렇게 제시된 새 과거와 새 미래를 사색한다. 로빈슨과 나카타에게 시간은 '존재'하는 것이 아니라 계속해서 발명되어야 하는 것이다. (이것은 또한 그들이 왜 나이를 먹지 않는지를 설명해준다. 그들은 젊지 않지만, 동시에 그들은 결코 늙지도 않을 것이다.) 이들의 시간은 **순수하고 빈** 형태의 시간이다—이들의 시간은 결국 시간에 관한 영원한 진리인데, 이 시간은 측정을 허락하지 않는다. 이들의 시간은 그 어떤 제약도 없이 오늘의 위기를 횡단하면서, 영원히 변하고 있다. 텅 빈 이러한 시간들은 사실 우리 시대를 특징짓는 것인 특정 균열들과 일치한다. **이것들은 동일한 것이다.** 말했듯이, 이 균열들은 시간 '안'에 있지 않다. 그것들은 시간과 더불어 발생한다. (나는 동시간대에서 그것들을 알아본다.) 오늘의 종교적, 휴머니즘적, 자본주의적 현실들을 교란하고, 그 현실들을 계속해서 교란하는 균열들 (실제로 이러한 시간은 현재를 모른다.)은. 이 균열들은 계속해서 현재를 가지고 논다.

투르니에의 《방드르디》와 무라카미의 《해변의 카프카》에서 로빈슨과 나카타는 각자 이러한 두 번째 시간을, 우리가 '창조적 행위'라고도 부를 수도 있을 개입하는 질적인 힘을 인간의 형식으로 구현한다. 책의 처음부터 끝까지만이 아니라 **책 외부에 있는 모든 것**과 온갖 종류의 횡단적 연결을 만들어내면서 이 책들을 매끄럽게 만드는 것은 로빈슨과 나카타의 잠재적인[가상실효적인] 현존이다. 로빈슨과 나카타는 자기들이 어떻게든 만나게 되고 마는 모든 위기에 개입하며, 그럼으로써 현행 헤게모니들에 균열을 낸다. 바로 이 지점에 복음이 숨어 있다. 로빈슨은 태평양 어느 외딴 장소에 갇혀 있는 것이 아니다. 그는 실제로 **당신**이 사는 무인도에서 살고 있고, 당신에게 또 하나의 섬을 보여준다. 만일 당신이 그것을 보고 싶어한다면 말이다. 나카타는 **당신**이 사는 도시의 뒷골목을 기어다니고, **당신**의 고양이와 대화하며, **당신**의 어둠/암흑을 지켜준다. 다시 말하지만, 이들의 삶은 그 삶이 언제나 책 안에 갇혀 있는 아오마메와 카프카와는 얼마나 다른가! '타자들의 세계'(자신들이 처해 있는 종교적, 휴머니즘적, 자본주의적 관계들을 표현하는 또 문구)에 지나치게 집학하는 이들은, 바로 그런 이유로 장폴 사르트르의 시나리오 《내기는 끝났다 *The Chips Are Down*》([1947] 1948)에 나오는 피에르 뒤맹Pierre Dumaine과 이브 샤를리에Ève Charlier를 떠올리게 한다. 이 두 인물은 우리가 알다시피 이야기의 첫머리부터 이미 절망적인 인물이다. 이들의 삶은, (아무 사건이 발생하지 않는) 이야기가 펼쳐지기도 전에 이미 끝났다. 피에르와 이브는 **삶을 살아가지 않는다, 그저** 당대의 균열들을 **두려워할 뿐.** 아오마메와 카프카도 마찬가지다. 이들의 삶은 전혀 중요하지 않다.

로빈슨과 나카타에게는 숱한 사건들이 발생한다. 단순히 그들에게 다가와 부딪히는 많은 사건들만이 아니라 두 책의 처음부터,

철저히 다른 세계를 구현하는 사건들이.《해변의 카프카》초입부에서 나카타에게 닥친 이상한 사건 그리고《방드르디》의 앞부분에서 로빈슨에게 닥친 난파 사고는 우리를 그 즉시 현재로부터 분리시키면서 곧이어 뒤따라올 일련의 사건들이 시작되는 출발지점 기능만을 한다. 로빈슨과 나카타는 각자 불행을 떠안은 이들이 되지만, 이들은 그런 자의 삶을 너무도 잘 (너무도 아름답게) 수행해내기에, 둘 다 (괴테의 말을 빌리자면) 무척 행복한 삶을 살았을 것이다. 이들은 자기들에게 발생한 사건에, 자기들의 사고에, 그들 스스로 체화한 상처에 값하는 이들이 된다. 자기들에게 닥친 사고를 무척이나 경이롭게 처리해내면서 이들은 둘 다 새로운 삶을, 새로운 신체를, 그리고 그 결과, 새로운 지구/땅을 발견해낸다.

이러한 창조적 행위는 시간과 더불어 발생한다. 하지만 그 행위는 언제나 현재에는 쓸모가 없다. 그런 점에서 로빈슨과 나카타에게 발생한 사건은 현재와는 전혀 관련이 없다. 그 사건은 전혀 무의미했다. 엄정하게 이 사안을 생각해보자─그와 같은 창조적 행위는 오늘의 종교적, 휴머니즘적, 자본주의적 현실 안에서는 그 어떤 역할도 수행할 수 없다. 그러나 그 창조적 행위는 우리 시대에는 극단적으로 소중하다. 그 행위야말로 현재의 환각들과, 즉 자본주의와 조직화된 종교 같은 서사, 국가 권력이나 국가 정체성 같은 서사에 맞서 계속 투쟁하고 있기 때문이다. 그 창조적 행위는 언제나 이러한 우화들 일체를 횡단할 것이다. 단 한 번의 타격과 더불어, 그것들을 안쪽에서부터 으깨고 열어젖히면서.

이 창조적 행위는 이분법적 대립, 위계질서, 그 위계질서의 끊임없는 내면화를 고착시키려 하는 전략들과 더불어서는 기능하지 못한다. 그렇기에 창조적 행위의 발생을 원치 않는 사람들은 많다 —나타카를 미친 사람으로, 로빈슨을 야만인(악인, 아웃사이더)으로 여기는 이들 말이다. 현재의 전략들을 보호할 필요를 (공포를?) 느끼는 이들은 많다—예를 들어, 권력을 꿰찬 모든 이들이 그렇다. 이들은 자기들의 삶을 그 권력이 좌우한다고 느낀다. 그리고 물론 이들은 권좌에 머물고, 자신들의 (좀비화된) 존재를 존속시키기 위해, 현재에 머물기 위해 온갖 일을 다할 것이다. 그러나 현재에 의존하는 것은 단지 이들 주인들만이 아니라 투쟁하는 노예들이기도 하다. 왜냐하면 이들의 노예상태 자체가 현재의 덫에 물린 것이기 때문이다. 아오마메와 카프카는 이 창조적 행위, 당시 현실의 교란, 동시대에 난 균열로 인해 크게 상처입는데, 그리하여 이들은 자기들이 직면하게 되는 이 철저히 다른 지구/땅과 적극적으로 싸우기로 한다. 미지의 것에 대한 두려움 때문에, 무지 때문에, 의리 때문에, 그 모든 '죄수의 딜레마' 때문에 이들은 도리어 이러한 균열들을 거부하고 자기들의 상처를 부정하거나, 심지어는 존재하지 않은 현실 속으로 삶을 연장하려는 마지막 시도 속에서 그것을 '고치려고' (이것은 불가능하다.) 한다. 이들의 삶은 어두운 하늘에서 볼 수 있는 별들과 같되, 그 별들은 이미 오래 전에 소멸

되었다.

그렇다면 이 두번째 형태의 시간에 대해 우리는 어떤 결론을 내릴 수 있을까? 이러한 교란하는 힘, 동시대의 이러한 균열, 창조적 행위에 관해 뭐라고 말할 수 있을까? 가장 먼저, 이것들은 단 한 순간에 실현되는 것들이라는 점이 언급되어야 한다. 하지만 두 가지 방법으로 실현된다. **이것들은 지구철학 안에 존재하지만, 예술작품과 더불어서만 (자기들의) 결론에 도달한다.** 또는 이를 더 폭넓게 표현하자면, 이것들은 창조적인 것을 생산하는 동안 사유 속에서만 발생한다. 이는 또한 지구철학도 예술도 현재에서는 작동하지 않는다는 점을 의미한다. 지구철학과 예술은 그 자체로서는 오늘의 종교적, 휴머니즘적, 자본주의적 현실에 의해 잠식되지는 않는다. 하지만 지구철학과 예술은 우리 시대 안에서 매우 중요한 역할을 하는데, 이 둘은 함께, 우리 시대에 균열을 일으킬 힘을 보유하고 있기 때문이다. 지구철학과 예술은 지구 전체의 무게를 사용해서 현재의 현실들에 압박을 가할 수 있고, 그 현실이 가장 취약한 지점에서, 그 현실을 온전히 유지하려 하는 표면들 가운데 가장 취약한 곳에서 균열을 일으킬 수 있다.

그러므로 우리 시대의 균열들에서 출발해 사유하기는, 현재에 개입하는 균열들을 빚어내기는(연출하기는) 미학과 인식론에 국한되지 않는다. 반대로 포스트휴머니즘, 신유물론, 에코페미니즘을 통해서, 아울러 양자역학 그리고 (실천 기반 예술) 연구에서의 여러 탐구를 통해서 이 균열들은 활성화된다. 우리 시대의 균열들에서 출발함으로써 우리는 21세기를 특징짓는 그 모든 위기들이 어떻게 서로 연결되어 있는지를, 하나의 위기의 작은 틈이 어떻게 다음 위기의 거대한 균열로 이어지는지를 경험한다──자본주의 위기부터 국민국가 위기까지, 디지털화 위기부터 코로나 위기까지, 기후 위기부터 대량멸종, 소비 과잉, 경찰 군대화 위기까지.

트러블과 함께하며(도나 해러웨이의 말이다.), 오늘의 지구철학과 예술은 이 지구에서의 새로운 삶의 형식을 함께 탐색하고 있다. 새로운 동맹을 통해 우리는 조직해내고, 책임을 우리의 것으로 떠안는다. 로빈슨, 나카타와 함께 우리는 다른 세계를 상상한다. 즉, 종교적, 휴머니즘적, 자본주의적 위기들에 개입한다.

우리는 균열에서 사유를 시작한다. 중요한 것은 균열이기에.

상처
—나는 상처를
몸에 구현하려고 태어났다

모든 이의 마음이 깨져 있다! 무라카미 하루키([2013] 2015, 259)는 소설《색채가 없는 다자키 쓰쿠루와 그가 순례를 떠난 해》끝부분에서 쓰쿠루의 삶을 특징짓는 그 모든 여러 형태의 조화에 본질적으로 앞서 있는 것은 다름 아닌 상처라고 결론짓는다.

하나의 마음은 조화만으로는 다른 마음과 연결되지 않는다. 대신 그 마음들은 제 상처를 통해 서로 깊이 연결된다. 고통은 다른 고통과 연결되고, 취약함은 다른 취약함과 연결된다. 비탄 어린 외침이 없는 침묵은 없다. 유혈사태가 없는 용서도 없다. 가슴아픈 상실이 지나가는 길이 없는 포용도 없다. 진정한 조화의 근원에 있는 것은 바로 이런 것이다.

무라카미는 이 문단에서 두 개의 핵심 명제를 들고 우리에게 다가온다. 첫 번째 명제는 상처를 생각할 경우 흔히 (암묵적으로) 전제되곤 하는 인간중심주의(휴머니즘)를 차단한다. 상처는 누군가의 결함으로 생각되어서는 안 된다. 즉, 상처는 누군가에게 우연히 일어나는, 사소한 자연의 실패가 아니다. 또한 상처는 사적인 것도 아니다. 결론적으로, 상처는 결코 나의 일부가 아니다. 그 누군가나 그 무언가의 일부도 아니다. 텅 비어 있는 상처는 일련의 몸들을 가로지르며 스스로 갈라지는데, 그로써 상처는 언제나 공유되는 상처가 된다. 즉, 상처는 단일한 실존체로서 삶의 여러 표면들 위에서 여러 방식으로 자기를 실현한다. 나는 당신이 그러하듯, 수많은 다른 이들이 그러하듯, 상처를 몸에 구현하게 된다. 상처는 모든 것을 관통하며 찢는데, 비유기적인 것, 유기적인 것, 무기적인 것 안에 존재하게 된다. 상처는 은하계, 얼음 결정체, 늑대무리를 관통하듯, 미생물을 관통하며 찢는다. 그리고, 그렇다, 만일 그것이 나를 관통하며 찢는 방식과 똑같은 식으로 당신을 관통하며 찢는다면, 그렇다면 우리는 서로의 고통을 덜어줄 공통의 방법을 찾을 수 있을지도 모른다. 우리는 서로를 사랑할지도 모른다. 함께할지도 모른다. 하나가 되어 우리의 기능을 수행할지도 모른다.

문제는 상처가 치유될 수 있느냐가 아니다. 상처는 시작도 끝도 모르기에, 영원하고 끝이 없다. 쓰쿠루가 만사를 뒷전에 두고 싶다고 (즉, 천천히 상처를 봉합하고 고통을 정복하고 싶다고) 요구할 때, 그건 치유와는 아무 관련이 없다. 소설의 나머지 부분이 이를 확인시켜준다─상처는 언제나 남아 있을 것이다. 이 소설의 또 다른 인물인 사라는 이렇게 이야기한다. "이해해요. 하지만 바깥에서 볼 때 상처는 봉합된 것처럼만 보이죠"(ibid, 88). 나중에 쓰쿠루도 이 점을 인정한다. "16년이라는 시간이 지났지만 상처는 여전히 내 안에 있는 것만 같다. 아직도 그 상처가 피를 흘리는 것만 같다. 최근에 일어난 사건, 내게는 매우 중요한 어떤 사건, 바로 그것 덕분에 나는 이 점을 깨닫게 되었다" (ibid, 137).

사라와 쓰쿠루는 완벽히 옳다─상처는 치유될 수 없다. 상처는 우리의 삶에 늘 동행할 것이다. 계속 불완전한 상태로 살아간다는 의미에서 "우리가" 언제나 "상처받고 있는 상태"라는 것은 아니다. 삶은 이미 우리에게, 질병상태가 건강을 배제하는 것은 아님을, 그 반대도 아님을 가르쳐주었다. 언제나 수천 가지의 소소한 질병상태와 수천 가지의 소소한 건강이 작용할 뿐. 때로는 건강이 주를 이루고 때로는 질병상태가 주를 이루지만, 어느 것도 완전히 사라지는 것은 아니다. 이 두 상태는 변신하고, 돌연변이를 일으키고, 급격히 변태한다. 상처도 이와 비슷하다. 상처들은 우리와 동행하지만, 결코 우리의 동반자가 되지는 않는다. 즉, 우리는 그것들을 선택하지도 않고, 초대하지도 않고, 그것들에게 작별 인사도 하지 않는다. 상처들은 수면 위에 올라오고, 고통을 일으키고, 눈에 띄지 않게 사라졌다가 자기들이 결정하면 우리에게 다시 온다. 가오싱젠Gao Xingjiang([1990] 2001)은 소설《영혼의 산 *Soul Mountain*》에서

이 점을 아름답게 보여준다. 이 소설은 폐암 (허위?) 진단을 받고는 쓰촨성(사천성)의 산들을 돌아다니는 장대한 여행을 우리에게 들려준다. 이 폐암 진단은 뒤이어 일어날 모든 사건에서 힘을 발휘하는 하나의 불행/행운이다. 주인공('나'로만 불린다.)은 이 마을에서 저 마을로 걷는데 상처들이 그 주인공을 따라오곤 한다. 이 책의 다른 주요 인물들인 '너'와 '그'의 경우도 그렇다.

상처들은 어떤 상황에서는 눈에 보이고, 다른 상황에서는 보이지 않는데, 주인공(그가 누구든)을 그저 내버려둔다. 상처들은 '나'를 따라다닌다. '내'가 여행하며 보는 자연의 풍경을 따라다니고, 실재적이면서 동시에 비실재적인 무리의 일부가 되어 '나'를 둘러싼 채로. 상처들의 기원은 쓰촨성의 땅들을 돌아다니는 작은 죽음의 무리들인데, 주인공이 여행하는 동안 발생하는 모든 사건을 야기한다. 이 지역의 자연이 담고 있는 전통들 그리고 산과 협곡들, 숲과 호수들, 이 모든 것은 상처들 안에서 서로 만나고, 서로를 동반하고, 무수한 연애를 시작한다. 이러한 사건들의 한복판에서 상처들은 변신하고, 다른 상처들로 주조되고, 더 큰 상처들에 결합되거나 조각들로 쪼개진다. 상처들은 수면 위로 나타났다가는 다시 사라진다. 하지만 이것들은 언제나 우리를 따라 굴러다닐 것이다. 이것들은 계속해서 중요하다/문제가 된다.

대부분의 인간은 자연의 심술궂음에 대해 투덜거린다는 것을 세네카는 일찍이 간파했다. 많은 이들은, 타자들이 자기에게 상처를 준다고 느낀다. 삶을 다시 일으킬 수 없을 정도로, 더는 자기 자신을 '인간'이라고 느끼지 못할 정도로 가혹하기 이를 데 없는 상처를 자기에게 준다고 느낀다. 캐서린 말라부Catherine Malabou는 '새로운 상처입은 자the new wounded'라는 자기만의 개념을 이야기하며 이 현상을 분석한다. 그는 '정치적 폭력의 새 시대'([2007] 2012, 156) 또는 알코올 중독의 영향과 학대(The Ontology of the Acccident [2009] 2012에서 마그리트 뒤라스의 경우)를 분석하면서 뇌의 탄성이 퇴보하고 있다고, 뇌는 때로 이러한 심각한 트라우마와 부상에 대처하지 못한다고 강조한다. 그리고 바로 그때가 삶이 계속되면서도 죽음이 발생하는 때라고. 바로 그때가 트라우마를 겪은 이들이 좀비화하는 때라고. 즉, 이들은 그것이 무엇이든 신경쓰지 않게 된다. 이들에게는 더 이상 그 어떤 것도 중요하지 않다/문제가 되지 않는다. 그리고 이렇게 되는 이들은 우리 시대의 테러리스트들만은 아니다. 뒤라스 같은 예술가들, 제 삶에 균열이 일어나고 만 우리 시대의 모든 사람들이기도 하다. 이것이 말라부의 주장이다.

이 점에 관해 확실히 말해두는 편이 좋겠다. 세네카의 생각에 나는 동의한다. 우리 자신이 더는 인간이 아니라고 느낄 정도로 우리가 상처받는다는 사실에 대해서는 동의한다. 하지만 말라부와는 반대로, 상처에 대한 부정적인 (헤겔주의적인) 해석을 따르고 싶지는 않다. 대신 나는 그 해석과는 정반대인 스토아적이고 스피노자적인 입장을 채택하고 있다. 이 경우, 상처는 부차적인 것이 아니라 (그것은 내게 발생하는 어떤 것이 아니다.) 일차적인 것이다. (그 것은 언제나 이미 거기에 있었다.) 이 경우, 상처는 삶을 위협하는 무 언가가 아니다. **상처는 삶을 살아갈 가치가 있는 것으로 만들어주 는 것이다.**

우리로 하여금 선善(유[에우]다이모니아Eudaimonia)을 향해 분투 하도록 강제하는 것, 바로 그것이 상처다. 상처는 결코 아물지 않 고, 문제는 결코 해결되지 않는다. 이에 관한 모리스 블랑쇼Maurice Blanchot의 생각에 나는 동의한다―"최고의 것은 존재의 충만이 아 니다. 최고의 것은 균열, 틈새, 침식, 그리고 파괴이며, 간헐적인 것, 마음을 괴롭히는 박탈이다"([1959] 2003, 38). 그가 보기에, 이러 한 무無가 가장 선명히 드러나는 것은 앙토냉 아르토의 작품 속에 서이다. "이것은 일종의 압박이다. 그것은 그를 표현하는 너무나 끔찍한 압박이며, 동시에 그가 그것을 생산하고 그 표현을 유지하 는 데 완전히 몰두하라고 요구하는 압박이다"(ibid).

그렇다면 삶은 무가 아니다. 불랑쇼는 우리에게 이 점을 보여준 다. 삶은 뒤따라 오는 발명품, 즉 '하나의 삶'이라고 우리가 부르는 것이다. 이 점은 또한 무라카미가 늘 표현하는 것이기도 하다. 달 리 말해, 삶이란 죽음에 대한 동경이 동력이 되는 하나의 투쟁이 다. 삶은 죽음을 향해 기울어짐은 아니다. 삶은 그것이 굴복하는 무에 대한 반응이다. 따라서 삶은 언제나 다시 태어나려는 의지 다. 자기가 직면하는 상처들의 텅 빔 위에서 자기의 비육체적/비세속적인 탄생을 실현하려는 의지. 하지만 또한 인간의 삶은 당唐의 시인 우업于鄴Yu Wuling이, 무라카미가 만든 인물인 조니 워커가 이미 우리에게 말해주었듯, '하나의 긴 작별'이기도 하다. 따라서 나는 다음과 같은 질문을 제출한다─지금 우리는 어떻게 상처를 살아가고 있나? 우리 몸의 표면에 균열을 일으키는 수많은 상처들을 우리는 어떻게 살아가고 있나? 우리가 우리 자신의 일상을 (그 위에서) 엮어내고 있는 실재적이고 잠재적인 저류들에 우리는 어떻게 대처하고 있나?

무라카미의 두 번째 명제는 시간에 관한 것이다. 상처가 누구에게도 발생하지 않듯, 그것은 시간 속에서 발생하지 않는다. 달리 말해, 상처는 결코 현재에 존재하지 않는다. 그것은 생겨나는 것이 아니라, 현재를 구성하는 다양한 현실들에 내재되어 있다. 하지만 동시에 그것은 언제나 이미 여기에 있다. 쓰쿠루의 고등학교 친구인 에리가 소설 말미에서 이를 확인해준다. 상처는 "우리를 둘러싼 모든 메아리 속에서, 빛 속에서, 모양 속에서, 모든…것들 속에서" 발생한다고 말하는 것이다([2013] 2015, 259). 얼마나 훌륭한 표현인가─상처는 현재 안에서는, 신체의 현존 안에서는, 지금 여기로 간주되는 것 안에서 성립되는 관계들의 일부로서는 발생하지 않는다.

상처는 그 핵심에 있다. 즉, 상처는 그 핵심의 사건들 전부의 원인이다.

상처가 현재에 존재하지 않는다는 것은 곧 상처라는 존재가 오늘의 종교적, 휴머니즘적, 자본주의적 현실들에 참여하지 않을 것이고 참여할 수 없다는 것을 뜻한다. 앞에서 언급되었듯, 상처는 그 어떤 것과도 '함께 제 기능을 발휘하지는' 않는다. 상처는 만질 수 없는 것이고, 앞서 말한 현실들에서 벗어날 방도를 늘 찾을 것이다. 상처는, 매우 민감한 채로 언제든 다시 균열을 낼 준비가 되어 있을 약하고 깨지기 쉬운 표면들 아래에 숨은 채로, 있다. 상처는 가렵다. 상처는 잡아당긴다. 상처는 피부의 다른 부분과 비교할 때 나쁜 날씨에 더 민감하게 반응하는 흉이 아니다. 상처는 자기를 둘러싼 모든 감응(자)에 열려 있다. 균열은 멈추는 법이 없으므로, 상처는 언제나 이미 자기만의 철저히 다른 삶을 가지고 있다. 그리고 그것은 다른 방식의 균열내기를, 다른 형식의 존재하기를 끝없이 찾아갈 것이다.

현재는 조화들과 멜로디들로, 연결들과 관계들로 이루어져 있다. 그러나 상처는 현재에 대한 잠재적 영향력을 발휘하며 현실의 안쪽에서 행위한다. 상처의 날카로움과 입자에 의해 발생하는 공명과 진동은 현재를 스쳐지나가고, 현재를 느끼면서(현재를 쓰다듬고, 문지르면서) 가장 얇은 표면들에 최대치의 압력을 가하는데, 이런 식으로 상처는 행위하고, 개입하고, 시대에 균열을 일으킨다. 이런 의미에서 상처는 **현재와 더불어** 발생한다. 그리고 이런 식으로 상처는 현재를 동시대인에게 안내한다─우리 시대를 특징짓는, 그러나 그것에 국한되는 것은 아닌 다양한 가능한, 불가능한 행위들을. 그간 우리가 못 보았던 모든 저류들의 힘에 우리가 우리 자신을 열도록 사실상 우리를 초대하는, 다양한 가능한, 불가능한 행위들을.

상처는 현재와는 무관한 것이자 심지어 현재를 알지도 못한 것이면서도 현재에 균열을 일으키고, 그럼으로써 현재를 동시대인에게 열어주는 힘으로 생각되어야 한다. 하지만 이것이 의미하는 것은, 과거와 미래 모두 사실상 상처가 개입하는 순간에만 발생한다는 것은 아닐까? 이로부터 우리는, 따라서 과거와 미래가 오직 상처 위에서만 일어난다고 결론내릴 수는 없는 것일까? 과거와 미래는 현재와 연결되어 있는 것처럼 보이는, 매우 다른 시간의 두 요소다. 하지만 이 둘과 현재 사이에 선형적 순서가 있는 것은 전혀 아니다. (그런 순서가 있다는 것은 분명 휴머니즘적인 망상이다.) 과거와 미래는 상처의 텅 빔 위에서 함께 생겨난다. 사실, 이 시간들은 그 위에서만 발생 가능하다. 오직 상처의 텅 빔만이 중요하다. 시간은 우리에게 과거와 미래의 카오스모시스chaosmosis*를 제공한다. 하지만 과거와 미래가 만나 하나로서 작동하는 것은 상처의

---

* 코스모스Cosmos(질서)와 오스모제Osmose(상호 침투)를 결합한 말로 펠릭스 가타리의 용어다. 이에 관해서는 펠릭스 가타리, 《카오스모제》(윤수종 옮김, 동문선, 2003, 특히 105)를 보라.

텅 빔 위에서뿐이다.

상처는 우리를 유혹해서 안으로 끌어들인다. 상처는 우리의 깊은 곳 안쪽에, 만물과 만인의 깊은 곳 안쪽에 놓인 채로, 우리를 텅 빔 안으로 초대한다. 상처는 모든 것을 품으면서도 아무것도 품지 않은 검은 빛의 (무색의) 무無다. 종교적, 휴머니즘적, 자본주의적 현실들은 만사가 일어나는 표면인 현재를 구성하지만, 그 현재에 생명을 불어넣는 것은 안쪽의 상처다. 아마도 상처의 극복이 실제로 어떻게 삶에 열쇠가 되는지를 우리에게 가장 설득력 있게 보여준 이는 조에[조이] 부스케일 것이다―"자기만의 불행을 지닌 자가 되어라. 그 불행의 완벽함과 빼어남을 체화하는 법을 배워라"(들뢰즈 [1969] 1990, 149에서 인용).

주체성을 다시 생각하면서 지그문트 프로이트는《정신분석학 입문》에서 세 가지 나르시시즘적 상처를 예리하게 분석한 바 있는데, 이 상처들은 인류의 본질을 말해주면서도 도래할 모든 가능한 방향과 차원에서 인류가 나아길 길을 낸다. 즉 그것들은 우리의 정신생태, 사회생태, 환경생태 안에 텅 빈 공간을 열어젖힌다 (Freud [1917] 2012). 이 셋은 하나가 되어서는, 휴머니즘 신화를, 즉 지구상에서의 인간의 '특별한 지위' 확보를 최우선 목표로 삼는 인간예외주의의 완고한 환상을 깨트린다. 물론, 인간중심주의는 르네 데카르트에 의해 발명된 것은 아니다. 그러나 인간중심주의는 언제나 차이의 창조를, 차이의 위계질서로의 전환을, 최종적으로는 그 위계질서의 조직화와 제도화를 정당화하는 수단이었고, 언제나 '나는 생각한다'(코기토)를 맨 위에 올려놓았다.

이 휴머니즘의 신화는 세 번 깨진다. 첫째, 프로이트는 우리의 지구가 우주의 중심이 아니라는 깨달음을, 즉 코페르니쿠스에게 그 공功이 돌아가는 통찰을 지적한다. 둘째, 그는 인간이 동물계의 다른 종들과 결코 현격하게 다르지 않다는 점을 보여주는 당시의 생물학 연구 결과들(특히 찰스 다윈과 알프레드 러셀 윌리스)을 언급한다. 마지막으로 또 그만큼 적절하게, 프로이트는 자기만의 연구를 언급하며, 인간의 사유에 대비되는 무의식의 중요성은 인류의 이른바 합리성이라는 것에 커다란 의문을 제기한다는 점을 이야기한다.

프로이트는 이 세 가지 아이디어 중 어느 것도 서양 사상사에서 특정 현자들에게 그 공이 돌아가는 '발견'으로 여겨져서는 안 된다는 점을 강조했다. 프로이트는 이 문제에 관해 인식론, 과학 철학 또는 사상사를 만들어내는 데 전혀 관심이 없었다. 정신분석학자로서 프로이트는 사례 연구들에 몰두하고 있었다. 즉, 그는 인간 주체성의 **생산**이라는 주제에 관심을 두었다. 그는 개인들이 자기들의 상처를 어떻게 살아내는지, 자기만의 불행을 산다는 것이 무엇을 뜻하는지, 자기 생애를 가치 있게 사는 것이 무엇인지, 개인이 (그것으로써 자기를 알게 되는) 상처를 '느낀다'는 것이 무엇인지, 시공간과 무관하게 이런 일이 어떻게 발생하는지에 관심을 두었다. 간단히 말해, 19세기 휴머니즘의 순진한 믿음이 우리의 사유를, 우리가 세계와 맺는 관계를 뿌옇게 한 이래로, 이 상처들은 우리에게 의미 있는 것이 되지 못했다. 이 상처들은 인류 전체의 상처들이다. (언제나 그랬고 앞으로도 그럴 것이다.)

프로이트는 예컨대 코페르니쿠스의 발상이 이미 알렉산드리아 학파의 원칙들에서 발견될 수 있다고 강조했다. 19세기 중반 베를린에서 활동한 이론가이자, 프로이트 자신과 미국 철학자 윌리엄 제임스, 그리고 수많은 초기 정신분석학자들에게 지대한 영향을 끼친 독일 생리학자 에밀 뒤 브와-레이몽Emil du Bois-Reymond을 따라가며, 프로이트는 이 세 가지 상처가 얼마나 서로 긴밀히 관련되는지를 강조한다. 예컨대, 그는 뒤 브와-레이몽이 1882년에 쓴 다윈에 대한 추도사에서 "내가 보기에 다윈은 유기적 세계에서의 코페르니쿠스인 것 같다"고 주장했다는 사실에 주목한다. 더 흥미로운 점—뒤 브와-레이몽은 데카르트를 두고 자기 시대에는 가치 없는 자라고 비판하는데, 그건 레이몽 자신이 자기 시대의 상처를 제대로 알아보지 못했기 때문일 것이다. 데카르트는 조르다노 브루노Giordano Bruno를 알고 있었는데, 브루노는 정말이지 자기의 불행을 살았던 사람이다. 브루노는 범신론 사상과 (우주의, 자아의) 중심에 대한 거부로 잘 알려져 있기도 하다. 평생토록 자신을 강타했던 신학적, 과학적 위기에 자신이 어떻게 대응했는지에 관해 그는 존경스러울 정도로 정직하게 썼고, 유명한 일이지만, 그런 그의 사상과 신념은 그를 처형으로 내몰았다.

반면, 데카르트는 마키아벨리 식으로 철학과 수학을 하기로 선택했던 인물이다. 그는 권력의 중심들(코기토, 좌표계의 기원(0,0))에, 자기 시대를 지배하던 종교적, 휴머니즘적, 자본주의적 현실들에서 그 중심들이 무엇을 의미했는지에 깊은 관심을 보였다. 이 책의 도입부에서도 언급했지만, 데카르트의《방법 서설 *Discourse de la Methode*》이 "부르주아의 성장소설"(Negri, 1970)이라는 안토니오 네그리의 생각은 옳다. 심지어 다음과 같이 생각한 17세기 신학자 푸치우스Voetius(Serrurier 1930, 102 참조)도 옳다─인간을 다른 모든 것보다 높은 곳에 자리매김한다는 것은 얼마나 큰 오만이란 말인가!

데카르트는 자기의 상처를 살았던 것처럼 보이지 않는다. 자신이 통제하고 싶은 현실들에 균열을 낸 저류들에는 아무 관심도 없었기 때문이다. 데카르트는 이전 시대를 살았던 브루노와도, 동시대인이었던 스피노자와도 너무도 달랐다.

스피노자는 당대의 현실에 뒤섞여 살기를 선호하지 않았다. 스피노자는 이설異說을 주장하는 자로서 신중한 삶을 살았는데(그는 브루노에게 무슨 일이 일어났는지도 알고 있었다.), 일상과 시대를 바꿀 수 있는 힘이 있는 책인《에티카》를 고독 속에서 집필했다. (그의 가장 가까운 친구들 중 몇만이 그가 죽기 전에 이 책의 원고를 읽었다.)

프로이트가 휴머니즘에 균열을 내는 세 가지 상처를 언급했을 때, 그는 철학의 과제가 무엇이어야 하는지 우리에게 무언가를 말해주었다──철학은 (또는 일반적으로 인문학은) 결코 치유되지는 않을, 계속해서 세계에 균열을 일으킬, 우리 자신의 깊은 곳에 묻혀 있는 상처들을 느껴야 한다. 철학자는 의사가 아니다. 철학자의 소명은 상처를 치유하는 것이 아니다. 철학자는 상처를 살아내는 방법을 찾아 평생을 보낸다. 우리 시대에 중요한/문제되는 모든 저류들과 균열들, 상처들에 가치 있는 자가 될 방법을. 그리고, 물론, 우리가 우리의 눈을 (감각을) 기꺼이 열려고 한다면, 언제나 우리는 우리를 따라다니는 상처들을 더 쉽게 많이 찾을 수 있을 것이다. 롤랑 바르트Roland Barthes는 자신은 언어에 관심이 있는데 그건 언어가 그 자신을 상처주거나 유혹하기 때문이라고 말한다. 그때 그는 우리에게, 우리와 언어와의 관계가 우리에게 창조적인 삶을 살라고 요구하는 깊은 육체적 상처 가운데 하나는 아닌지 묻고 있는 것은 아닌가? 나는 이 책에 등장하는 철학자들과 소설가들이 전적으로 그렇다고 동의하리라고 확신한다──들뢰즈, 해러웨이, 부스케, 무라카미, 이들 모두가 이 상처를 아름답게 살아낸다.

지구철학과 예술이 공유하는 힘은, 오늘날 중요한/문제가 되는 상처들을 살아내는 방법을 찾아내는 힘이다. 그 상처들을 식별하는 방법을 예술가들과 지구철학자들이 찾아야 한다는 말이 아니다. 그 상처들을 살아낸다는 것은 그 상처들에 신경 쓰고, 끊임없이 그것들을 떠올리고, 그것들 때문에 (다리를 절고, 숨을 헐떡거리며) 고통스러워한다는 말이다. 그러면서도 그 상처들의 지도를 그리는 과정 안에 언제나 있는 어떤 창조성을 실험한다는 말이다. 목표는 그 상처들에 관해 쓰는 것도, 그것들을 당신과 대립되는 존재자로 (대상으로) 여기는 것도 아니다. 그것들에 형태를 입히고, 그것 자체를 분석하는 것도 아니다 정반대로, **그 상처들 자체인 그 텅 빔을 살아낼 필요만**이 있을 뿐이다.

예술 창작하기, 지구철학하기는 오직 우리의 인간적 자아와 비인간적 자아 깊은 곳을 절단하는 상처들에 대한 감수성으로 인해서만 발생 가능하다. 프로이트가 말한 세 가지 상처를, 바르트가 특정한 언어의 상처를, 동시에 당연하지만 오늘의 모든 위기들과 그것들이 현재 지표면에 홈을 만들면서 생겨난 모든 균열들을, 예술과 지구철학은 강렬하게 살아내고 있다. 참된 예술가와 참된 지구철학자는 쉬운 삶을 살아갈 수 없다. 야요이 쿠사마와 앙토냉 아르토는 예외자들이 아니라 도리어 기준을 세워준 이들이다. 너무나 슬프게도, 이들은 자신들을 상처 낸 불행들을 거의 견뎌내지 못한다. 그 불행들은 그들을 위협했는데, 그들은 저항하기 위해서 오직 쓰고, 연기하고, 공연할 수밖에는 없었다. 그와 같은 삶을 산다는 것은 하나의 선택이 아니다. 그리고 그 삶에 '낭만적'인 것이라곤 전무하다. 그것은 하나의 필요일 뿐이다.

글, 예술작품, 삶 안에서 이러한 상처들을 다룬다는 것은, 가장 적절하게는, 삶과 비삶, 죽음과 비죽음 사이에서 지속되는 협상으로 해석될 수 있다. 상처에 관한 비휴머니스트적이고 때아닌 생각들은 불안과 불편으로 **채워져야만** 한다. 포스트미디어의 시대에는 예술가와 지구철학자가 반反파시스트가 되기란 너무도 쉽다. 페이스북의 알고리즘이 새로운 형태의 나르시시즘을 낳는 시대에는 말이다. 이 새로운 형태의 나르시시즘은, 언제나 그렇듯, 강력한 지도자, 파시스트적 지배에 관한 경제적, 사회적, 정치적 꿈에 우리를 결박하고 있다. 우리에게 닥친 위기가 무엇이든, 그것에 반대하고, 그것을 거부하고 **비판하기**란 너무도 쉽다. 우리는 우리 자신을 위기에 열어야만 하고, 어떤 식으로 이 위기가 언제나 이미 우리 자신의 일부였는지를 인식해야만 하며, 이 위기에 책임을 져야만 한다.

들뢰즈와 가타리는 일찍이 우리 자신의 내면에 있는 파시스트, 우리 자신이 스스로 지탱하고, 영양을 공급하고, 소중히 여기는 내면의 파시스트를 우리가 인식해야만 한다고 강조했었다([1980] 1987, 215). 이 파시스트는 개인적이고 동시에 집단적이다. 즉, 이 파시스트는 우리 일상적 삶의 모든 영역에서 작동하고, 국가, 이웃 관계, 이리Erie 호수의 오염 같은 사태를 횡단한다. 이 파시스트 기계들의 계보학에는 변화가 있지만, 이것들은 예기치 못한 현실의 형태로 자기를 실현하기를 멈추지 않는다. 오늘날 책임진다는 것은 약자와 힘없는 이들을 위해 일어서고 하나의 입장을 세우는 것과는 별반 관련이 없다. 정반대로, 상처를 살아내기 위해서 우리는 모든 현재를 탈출해야 한다. 그 텅 빔을, 균열 그 자체를 살아내기 시작해야 한다. 작동 중인 미시 파시즘의 지도를 그려보라!

미셸 푸코는 들뢰즈와 가타리의 《안티 오이디푸스》머리말에서, 저자들이 책에서 제시한 새로운 사유방식은 일종의 번지르르한 헤겔은 아니라고 말하며, 저자들을 칭찬한다. 그 사유방식은 비파시스트적 삶이 무엇인가에 대한 소개였다(Deleuze and Guattari, [1972] 1984, Dolphijn and Braidotti 2021 참조). 지구철학 이후, 그리고 예술 이후에도 들뢰즈와 가타리는 1968년의 상처를 살아내며, 1968년이 프랑스 학계 안에, 파리의 지식인들 안에, 뱅센 숲 안에, 레드와인 안에, 반反정신의학 안에, 사유 안에 열었던 강력한 균열을, 그 상처의 텅 빔을 탐구했다. 비슷한 맥락에서 미셸 세르는 1945년의 상처를 살아내고 있다. 리틀 보이가 히로시마에, 과학에, 대자연에 낙하했을 때 만들어진 바로 그 상처를. 들뢰즈, 가타리, 세르는 자기들의 상처를 살아냈다. 즉, 그들은 그 상처의 완벽함과 빼어남을 체화했다. 그들은 자기들의 자유를 찾아냈고, 그 자유는 견고하고 완벽했다(이 점에 관해 나는 상세히 쓴 바 있다. Dolphijn 2018 참조).

무라카미의 소설 후미에서 쓰쿠루 역시 자기의 자유를 살아내는 법을 찾아낸다. 자기의 비육체적/비세속적 탄생 안에서 자기의 자유를 살아내는 법을.

그는 마음을 가라앉히고, 눈을 감고는, 잠에 빠져들었다. 의식의 후미등은 밤을 달리는 마지막 고속열차처럼, 먼 곳으로 희미하게 꺼지기 시작했다. 그것은 점차 속도를 높이고, 점차 작아져서는 마침내 밤의 깊은 곳으로 빨려들어가서, 그곳에서 사라져버렸다. 남은 것은 하얀 자작나무들 사이로 미끄러지는 바람 소리뿐이었다.

이것은 순수한 생명이 아닌가? 본래 그러함의 본래 그러함이 아닌가? 들뢰즈는 자신의 마지막 글에서 '하나의 생명'을 완전한 힘, 완전한 지복이라고 말하며 이렇게 결론내린다. "그것은 궁극의 직접적 의식이다. 이 의식의 활동은 삶 속에 끊임없이 정립되는 어떤 존재를 더는 뜻하지 않는다"(2001, 27). 그것은 신체로 구현되지만 그 자체는 순수한 잠재성인 상처다. 열정에서 자유로워진 채로 그는 감각 안에, 숨결로서, 그 책 전체에 흐르는 주제, 즉 움직이면서도 정확히 그 자신인 순수한 힘 안에 남아 있었다. 현재로부터 자유로워진 채로. 보이지 않게. 생명/삶이 발생하는 곳인 상처 바로 그 위에.

4

기하학자여,
새로운 지구를
보여주시길

실제로 자기 본연의 직무를 수행할 수 있는 기하학자가 우리에게는 필요하다. 우리 시대의 위기들로부터 시작하기, 지구를 상상하기, 지구에 속하는 생명의 형태들을 상상하기라는 직무 말이다. 내 성찰의 마지막 부분인 4부에서는 앞부분들보다 일련의 현대 사상가들과 제작자들을 더 많이 소개하려 한다. 여기서는, 기하학자가 유물론적 탐구라는 새로운 땅으로 우리를 안내한다. 중요한 것은 관계라는 점을 양자역학이 어떻게 강조하는지부터, 건축가들과 안무가들이 '앵글'을 어떻게 생각하는지, 페미니스트 사상과 세속적인 의례가 어떤 식으로 우리 시대의 지구적 환경들을 제시하는지 소개하려 한다.

맨 끝에서 나는 이 책의 처음에 나왔던 상상의 중요성으로 되돌아 간다. 자신들의 탐구 여정에서 우리의 기하학자를 대동했던 (학계 안 팎의) 모든 창의적 글쟁이들 그리고 무라카미의 도움을 받아, 우리의 기하학자는 실재/비실재가 또는 그 문제에 관한 진리가 오직 사유 안 에서만 발생하고 예술작품 안에서만 생산된다는 점을 보여준다. 그리 고 이에 관해 인간적인 것은 없다는 점을. 그것은 균열, 지구적 균열 위에서만 발생한다.

기하학자는
비판을 넘어서 물리학에서 시작한다

이리스 반 데어 튠Iris van der Tuin과 내가 진행한 카렌 바라드Karen Barad와의 한 인터뷰에서였다. '비판'이라는 개념과는 거의 관련 없는 거창한 질문의 일부로 '비판'이라는 단어가 언급되었다. 그리고 이 언급으로 인해 바라드는 오늘날의 인문학 안에 데카르트주의의 잔재로 남아 있는 비판적 사고의 지위에 **이의를 제기하는** 강력한 발언을 내놓게 된다.

저는 비판에는 관심이 없어요. 제 생각에, 비판은 페미니즘에 해가 될 정도로, 과대평가되고 과대강조되고 과대활용되고 있어요. 브뤼노 라투르가 「왜 비판은 동력을 잃었는가? 사실의 문제들을 떠나 관심의 문제들로」라는 제목의 글(2004)에서 신호를 보낸 것처럼, 비판은 아마도 습관상 계속 사용되는 도구이지만, 우리가 지금 직면하고 있는 종류의 상황들에 요구되는 도구는 더는 아니지요. 비판은 너무도 오랫동안 선택할 수 있는 도구였고, 우리 학생들은 비판이라는 분야에 무척 잘 훈련되어 있어요. 버튼 하나만 눌러도 즉각 어떤 비판을 뱉을 수 있을 정도이니까요. 비판하기는 무척 쉽죠, 특히 주의 깊게 읽기에 전념함이 비판의 근본 요소가 더는 아닌 듯한 상황에서는 그렇습니다. 그런 이유로 저는 읽기와 쓰기야말로 윤리적 실천이라고, 비판은 (성취를 위한) 길이 아니라고 학생들에게 설명한답니다. 유럽에서 통용되는 비판 개념에는 미국에서의 그것과는 상이한 가치가 부여되어 있다는 점은 알고 있어요. 그럼에도, 나는 이 점이 중요하다고 생각합니다. 비판은 너무도 빈번하게 해체적 실천이 아니랍니다. 즉, 우리가 그것 없이는 아무것도 할 수 없는 근원에 있는 생각들을 창조적으로 배제하기 위한 읽기의 실천이 아닌 것이지요. 반대로 비판은 오늘날 누군가를 또는 무언가를, 다른 학자, 다른 페미니스트, 기율, 접근법 등을 무시하고 거절하고 몰아세우기 위한 파괴적 실천입니다.

(Barad in Dolphijn and van der Tuin, 2012, 49)*

바라드는 해체적 비판과 파괴적 비판의 차이점에 관해 소상히 설명하면서 주장을 지속한다. 후자의 전략(누군가 또는 무언가를 무시하고 거절하고 몰아세우는 것)이 특히 그를 괴롭힌다는 것이다. 전

---

* 이것은 본서 번역자의 번역으로, 돌피언과 반 데어 튠의 인터뷰집 번역본인 《신유물론─인터뷰와 지도제작》(교유서가, 2021)상의 번역이 아니다.

자, 즉 해체적 비판, "우리가 그것 없이는 아무것도 할 수 없는 근원적에 있는 생각들을 창조적으로 배제하기 위한 읽기의 실천"이 그의 학문적 실천에 훨씬 더 가까운 것처럼 보인다.

해체적 비판과 파괴적 비판의 차이점은 무엇보다도 윤리와 관련된다. 이 문제는 결국, 한 명의 학자가 자신을 하나의 전통 '밖'에 위치시키는 것이, 화급한 사안에 참여하는 행동을 스스로 제약하는 것이 너무도 쉽다는 말로 귀결된다. 페미니스트 이론에서 이러한 동시대에의 참여는 중요한데, 특히 도나 해러웨이 이후에는 그렇다. 동시대 상황에 개입하는 지식에 대한 해러웨이의 강조 (1988)는 한 여성의 앎의 방식이 무엇인가를 말하는 것(1968년 이래 페미니스트 사유 흐름 안에서 두드러진 경향)을 목표로 하지 않는다. 반대로, 여성들의 앎의 방식, 그것의 다중성, 즉 제한을 받지 않으면서도 규정되지도 않는 (주체성이나 여성성 또는 어떠한 다른 선험적 범주와 더불어 시작하지 않는) 대안적 관점의 추구의 다중성을 맵핑하는 것을 목표로 한다. 그리하여 해러웨이는 여성(타자)의 정체성을 식별하려고 '외부 입장'(해러웨이는 "신 흉내the God Trick"라고 부른다.)에서 세계의 상태를 비판하는 글을 쓰지 말고, 특정 진영을 옹호하며, 조건 없이, 책임지는 자세로 써야 한다고 제안한다. 휴머니즘이 아니라 다음과 같은 다급한 질문, 즉 "무엇을 해야 할까? 말살, 멸종, 제노사이드의 시대에 산다는 것, 죽는다는 것은 무엇인가?"(Dolphijn 2012, 112에서 재인용) 같은 질문에서 출발하는

지도를 제작해야 한다는 것이다.

그러한 앎의 방식들을 지도로 그리는 것, 동시에 트러블, 즉 말썽들로 가득한 시대에 그 앎의 방식들이 자기를 실현하는 것, 더불어 그 방식들의 명백한 미래를 생각해보는 것—이것이 바로 해러웨이가 페미니즘적인 이론화 또는 신유물론적인, 포스트휴머니즘적인 이론화의 새 목표로 생각하는 것이다. 이 작업은 여성 '그 자체'로 규정되어야 하는 주체성의 한 **유형** 안에 갇히거나 그것에 의해 포획되지 **않는** 어떤 페미니스트 행위성이라는 개념을 논한다. 동시대 상황에 개입하는 지식은 기하학자에게 지구를, 그 가장 넓은 의미에서 페미니스트 방식으로, 일종의 실험으로서 동시에 경험을 통해 탐험하라고 요청한다. 또한 우리를 둘러싸고 있는 **진보 중인 행동주의**를 드러내라고 요청한다. 그러므로 이러한 지식의 연구 목적은 모든 면에서 활동적이고, 계속 변한다—"동시대 상황에 개입하는 지식은, 지식 대상을 스크린이나 지표면이나 자원으로서가 아니라 일종의 행위자actor이자 효력발생행위자agent로서 그림 그릴 것을 요구한다"(Haraway 1988, 592).

해러웨이는 페미니스트의 삶이 활동가적/행동주의적이면서도 특정 진영을 옹호하는 정치라고 쓴다. 즉, 페미니즘에 의해 **장악된** 기하학자적인 행동주의라는 것이다. 해러웨이의 '상황에 개입하는 지식'은, 지구상의 모든 생물(동물)에 대한 인간의 지배를 뜻하는 데리다 식 표현인 '특권-남근이성중심주의carno-phallogocentrism'에 대한 데리다의 비판(예컨대 Derrida 1992 그리고 [2006] 2008 을 참조)을 이어받아서/다시 쓰는데, 그러면서 우리 시대의 윤리 적이고 정치적인 질문들로 우리를 이끈다—"만일 사회적, 감정 적, 그리고 인지적 복잡성이 기준이라면 데리다가 옳았다. 인간과 비인간동물 간 관계라는 중대한 관계를 확정하는 합리적이거나 자연스러운 경계선은 없다. 이 문제를 '기술적으로' 해결하기 위 해 그러한 경계선이 상상된다면, 그 경계선이란 알라바이일 뿐이 다"(Haraway 2008b, 297). 현대 생물학과 생명과학의 흐름으로부터 지대하게 영감을 받은 해러웨이가 우리에게 제공하는 페미니즘은 이러한 알리바이를 비판하는 데 집착하지는 않는다. 대신 그 페미 니즘은 삶과 죽음, 인간과 비인간동물, 자연과 문화, 남성과 여성 을 관통해 흐르는 횡단선을 보여준다.

해러웨이(2007b, 2)는 (데카르트적인 또는 칸트적인) 모더니즘적 이분법에 대한 해체적 비판이란 균열이 난 지구의 지도를, 우리와 우리의 주변세계를 알려주는 상처들의 지도를 그리는 작업임을 보여준다.

진화가 끝나는 곳과 역사가 시작되는 곳, 유전자가 사라지는 곳과 환경이 그 빈 자리를 차지하는 곳, 문화가 지배하는 곳과 자연이 복종하는 곳을 (또는 그 반대의 두 지점을) 나누는 경계선은 없다. 대신, 자연문화라는 거북이 위에 거북이 위에 거북이…가 존재한다. 중요한 모든 존재자는 그 형성 역사들의 혼성체 속에 있다. 모든 것이 그렇다. 심지어 침전시킬 수 있는 그 어떤 게놈도 모든 감염적 사건들의 규칙일 뿐이다. 이 사건들은 함께 모여서는, 서양인들이라면 '나뉠 수 없는 것individuals'이라고 부를, 그러나 멜라네시아인들*이라면, 좀 더 앞을 내다보며, '나뉠 수 있는 것dividulas'이라고 부를, 임시적이며, 영원히 출현하는 것들이 된다.

해러웨이와 데리다가 특권-남근이성중심주의를 해체하는 방식을 이어서, 바라드가 자신의 해체적 비판을 추구하는 것은 바로 이러한 비이분법의 노선 위에서이다. "주체성은 인류의 독점적 특권도 아니고"(Bridotti 2013, 82) 그 어떤 '유기체들의 문화'의 독점적 특권도 아니라는 생각을 진지하게 수용하며, 바라드는 그 주체성을 '거대한 외부'로 열어젖히면서 비판 이론을 전체로서의 자연에, 물리학에 도입한다.

바라드는 해러웨이적인 신조어인 자연문화를 이 이분법에 대한 최상의 적실한 대안으로 수용한다. 동시에 바라드는 유물론적 사유를 인류로부터 훨씬 더 먼 곳으로 밀고 가면서, 생물학이나 생

---

* 멜라네시아 사람들을 뜻한다. 멜라네시아Melanesia는 오세아니아의 일부 지역을 지칭하는 지역명으로, 오스트레일리아 동북부의 광범위한 섬 지대를 아우른다.

명과학 같은 특정 분야가 아니라 자연과학 전체를 재고하는 데 몰두하는 페미니즘을 도입한다. 해러웨이의 입장을 요약하면 이러하다.

'존재한다는 것'이 무엇인가라는 것이 관건이다. 어떻게 누구와 함께 되는가가 관건이다. 그리고 이것이 중요하다—누가 무엇을 하느냐가 중요하다. 우리가 진입해 있는 이 위기 앞에서 냉소주의는 용납할 수 있는 입장이 '아니지만', '트러블과 함께하기staying with the trouble'는 그렇지 않다. 그리고 이것은 심미적, 인지적, 문학적, 기술적, 관능적인 것과 즉, 깊이 있게 사유하기, 감지하기, 느끼기, 감내하기, 행위하기, 이 모든 것과 관련된다.

(Haraway in Dolphijn 2012, 110)

해러웨이는 근본적으로 존재하기와 되기에 관심이 가 있고, 바라드는 이를 완전히 수긍한다. 그러나 해러웨이의 의견에 동의는 하지만, 나의 주장은 바라드의 비이분법적 해체주의가 '세계-내-존재'에 관한 하이데거적 관심에 변화를 일으킨다는 것이다. 바라드의 해체주의가 데리다를, 더 낮은 수위이지만 해러웨이를 일종의 '세계-의-존재'로 몰고가기 때문이다. 달리 말해, 주체성이라는 관념(그리고 대상성[객체성]이라는, 그에 부수되는 관념)로부터 (암묵적으로) 출발하지 않음으로써, 삶을 세계 내에 (세계에, 타자들에 둘러싸인 것으로) (암묵적으로) 자리매김하지 않음으로써 바라드는 비판 이론을 지구적인 사업으로, 어쩌면 심지어는 자연의 사업으로 만든다. 그리하여 해체적 비판 이론은, 바라드와 더불어, 인간이 시작하기를 기다리지 않는다. 그 이론은 언제나 이미 지구의 것이었다.

해러웨이와 더불어 우리는, 본래의 자리에 있는_in situ_('내려놓다'를 의미하는 라틴어 _sinere_에서 나온 말) 다른 형식의 페미니스트적 주체성을 찾고 있었다. 이 주체성은 '다른 관점'을 추구하므로, 우리는 이것을 페미니즘의 한 **상대적** 형식이라고 부를 수 있을 것이다. 바라드는 주체성과 그것의 복잡하고 인간중심적인 역사에 관한 생각을 넘어서는 방법을 탐구하는데, 그리하여 우리에게 '행위적 실재론_agential realism_'을 소개한다. 행위적 실재론은 해러웨이의 '상황에 개입하는 지식'을 뒤집는다. 이것은 인식론이 아니라 존재론을 강조하는데('지식' 대신에 '실재적인 것'을 강조하며), 그로써 **궁극의** 유물론적 페미니즘을 우리에게 제공한다. 이 실재론은 다른 관점들(대안적 시각들, 다른 형태의 지식을 비판하기)을 찾기보다는 동일성(모든 실재는 행위적이고, 행위적일 수밖에 없다.)에 초점을 맞춘다. 지식을 현실 상황에 개입시키라는 해러웨이의 요청(이것은 또한 그렇게 하기를 거부한 이론가들을 겨냥한 것이다.)보다는 덜 행동주의적이지만, 바라드의 행위적 실재론은 (그것은 기술적이고 분석적인데) '그 실재의 수축들_contractions_'이라고 부를 만한 것을 통해서만 실재를 연구하라고 제안한다.

바라드는 자신의 작품이 해러웨이의 작품과는 다른 페미니즘을 실천하는 것은 바로 이러한 의미에서라고 명시적으로 말한다. 그에게 그의 '선언'이 현대 문화 이론에서 어떤 결론을 도출한다고 생각하냐고 물었을 때, 그는 이렇게 답했다.

글쎄요, 선언은 제 친구이자 동료인 도나 해러웨이라면 참여할 수 있는 것이겠으나, 저는 그 용어를 주장할 수는 없어요. [웃음] 물론, 그는 역설적인 의미에서 '선언'이라는 말을 쓰지요. 행위적 실재론은 하나의 선언이 아니에요. 행위적 실재론은 모든 것이 명백한 것이고 명백한 것이 될 것이고 될 수 있다는 생각을 당연시하지 않아요. 정반대로, 저의 실재론은 세계를 관통해 흐르는 윤리성이라는 조직tissue에 관심을 집중해 달라는, 그것을 이해하고 인정해 달라는 요청이자 호소, 도발, 외침, 열정적 동경이지요. 윤리와 정의는 내 관심사의 핵심에 있어요. 또는 더 바람직한 표현으로는, 윤리와 정의는 '저의' 존재 자체를, 존재 전체를 관통해 흐르고 있어요. 다시 말하지만, 저에게 윤리란 물질에 관한 질문에 우리가 추가하는 하나의 관심이 아니에요. 도리어 그것은 물질화한다는 것/중요하다는 것이 무엇을 뜻하는가, 바로 그것의 본질이지요.

(Barad in Dolphijn and van der Tuin, 2012, 70)

이러한 주장에 비추어볼 때, 이러한 색다른 페미니스트 정치(이것은 차이의 페미니즘은 아니다.)가 어떤 식으로 '철저히 다른 되기'와 만나는지를 자문해보는 일이 시급하다. 왜냐하면 그 책이 정말로 그런지를 두고 논쟁할 수도 있겠지만, 바라드의 《우주의 중간에서 만나기 *Meeting the Universe Halfway*》는 최종적으로는 참여에 관한, 상황에 처함에 관한, 책임에 관한 자연주의의 지도를 그려내기 때문이다. 특히 과학을 향해 "살아있는 현재"에 윤리적 재연결을 해달라고 호소하기 때문이다. (이것은 데리다가 우리에게 요청하는 것이기도 하다.) 이 지점에서 나는 바라드의 '페미니스트 자연주의'를 지적한 조셉 루스Joseph Rouse의 입장에 동의한다. (바라드는 자주 루스의 글을 언급한다.) 루스의 글에 대한 주석에서 바라드는 규범성과 자연주의 간의 연결고리를 이렇게 설명한다.

나의 과학적 실천 담론은, 과학에 세계를 대변할 수 있는 의심할여지 없는 권위를 부여한다는 의미에서 자연주의적이지는 않다. 루스의 주장에 따르면, 적절히 수정된 자연주의 개념은 최고의 과학 이론이 말해주는 바를 진지하게 수용한다. 동시에 그것은 과학으로 하여금, 과학 자신을 위해서, 과학이 스스로 말한 자연주의적 실천의지를 보호하기 위해서, 제 실천에 대해 책임지게 한다.

(Barad 2007a, 407;19)

페미니스트 존재론과 함께 지구철학을 실천하는, 바라드의 양자역학적 책임론은 그 페미니스트 분석의 출발지점으로 인간 주체나 자연적인 여성 신체를 전제 삼지 않는다(Rouse 2004, 155도 참고하라). 바라드의 '행위적 실재론'은 상황에 처함을 일종의 과정적 되기로서, 즉 사물들이 존재하는 것이 아니라, 사물들이 그 안에서 빙빙 도는 물질적 관계들과 더불어 (실존자로서) 나타나는 것인 과정적 되기로서 탐구한다.

형이상학적 자연주의라는 프레임 안에서 객관성 같은 개념들은 자연 법칙에 대한 수용을 곧장 유발한다. (유전자 코딩 또는 해러웨이의 용어인 '유전자 페티시즘' 또한 생각해보라. Haraway 1998, 189.) 반면, 바라드의 자연주의는 문화 밖의 그 어떤 자연도 수용하기를 거부하는 해러웨이의 '자연문화'에 동의한다.

이런 의미에서 도나 해러웨이와 카렌 바라드는 자기들의 동시대 유럽인들인 미셸 세르 그리고 이사벨 스텡게르와 그 결이 무척 유사하다. 세르와 세텡게르 역시 유물론적이며 비인간 관점에서 물리학을 다시 쓰는 이들이다. 세르는 아마도 포스트-데카르트 물리학에서 '법칙'이 주장하는 바에 대해 가장 비판적인 사람일 것이다. 그는 이렇게 주장한다([1990] 1995, 75).

법칙은 결코 명령을 내리지 않으며 명령어로 쓰거나 말하는 경우도 거의 없다. 또한 법칙은 지정하지도 않는다, 즉 직설법으로 쓰거나 말하지도 않는다. 그것은 퍼포먼스적인 것을 이용한다. 이는 곧 진리가, 즉 말해진 것이나 글로 쓰인 것이 사실과 일치함이 그 말, 그 글로부터 즉시 나온다는 것을 의미한다.

물리학을 일종의 뒤엉킴entanglement으로서 실천하는 가운데 (바라드의 '실재 얻기' 개념[1988], '물질-담론적' 개념도 살펴 보라.) 바라드의 행위적 실재론은 양자 물리학(예: 슈뢰딩거의 고양이, 바라드 2007a, 284 참조)부터 페미니스트 이론(예: 버틀러의 수행성 이론, ibid, 208)까지 아우르며 우리의 생각을 채우고 있는 인식론적 실천들(필연적으로 이분법적인 실천들)을 해체한다. 바라드는 자연주의가 일반적으로 자연과 문화의 대립(이분법)을 유지하는 경향이 있다고 지적한다(ibid, 463;104).

바라드는 유기체적인 것, 무기체적인 것, 이것들이 발생시키는 관념들을 횡단하는 물질적인 내적-관계작용intra-action을 지도로 그려내는데, 그러면서 이것을 비판적 자연주의라고 부르기보다는 '포스트휴머니즘'이라는 용어를 종종 활용한다. 하지만 그는 이 용어들이 서로 비슷한 뭔가를 신호로 내보낸다고 말한다. 이렇게 주장하는 것이다. "내 생각에 포스트휴머니즘은 일종의 철저한 비판적 자연주의로 이해될 수 있다. 즉, 인간을 자연의 일부로, 지식의 실천을 세계와 관계맺기라는 자연적인 과정으로, 세계의 일부로 이해하는 접근법으로 말이다" (ibid, 331-2).

비판적 자연주의를 통하지 않고 포스트휴머니즘적 용어들로 자기 생각을 발전시키기를 선호한다는 것은 확실히 포스트휴머니즘 개념의 페미니즘적 잠재력을 따라가는 길로, 이 잠재력에 관해서는 브라이도티(2013, 2019)가 더 소상히 분석하고 있다. 이런 식으로, 바라드는 이분법적 사고가 우리 시대 사유의 가장 큰 오류임을 밝히는 것이 가장 중요하다고 생각하는 학자들, 점점 더 많아지고 있는 이 그룹과 팀을 이룬다. 바라드의 대응은 양자역학이자 동시에 **필연적으로** 포스트휴먼 페미니즘이다. 어떠한 유형의 인식 가능한 개체성도 구성해내는 창조적 힘인 내적-관계작용에서 출발하며, 바라드는 입자, 파동, 장치, 그리고 그 모든 형태의 (여성적) 신체의 탄생을 이야기한다. 바라드에 의하면, 이것들은 **오직** 특정 표면 안의 수축으로서, 이 세계에 발생한다.

칸트적인 대주체Subject를 뛰어넘으며 브라이도티를 따라가는 지구철학에는 페미니스트 정치학 그리고 미래의 페미니스트 이론과 결이 맞는 새로운 주체성 이론이 필요하다. 브레이도티의 작업에서도 새로운 주체 이론은 비판적 자연주의와 별개로 생각될 수는 없다. 브라이도티의 포스트휴머니즘론은 푸코의 초기 저작들(《말과 사물》, 《칸트의 인류학 입문》, 이 책에서 그는 칸트의 주체와 그것이 수반하는 인간중심주의를 비판한다.)을 많이 따르지는 않는다. 그보다는 《성의 역사》에서, (최근에서야 출간된) 꼴레주 드 프랑스 강의에서 발견되는 푸코의 미완성 생물정치학적 분석에 기반해 전개된다. 푸코의 '자기 돌봄'(그의 후기 저작에서 발전된다.) 강조를 다시 읽으며, 브라이도티(2013, 116)는 우리 시대의 푸코적 포스트휴머니즘의 장단점을 이렇게 요약한다.

그러한 입장의 장점은 포스트휴먼 생물-유기체적 존재에 관한 한 층 더 높은 수준의 명료성을 요구한다는 것이다. 이것은 곧 자연주의적 패러다임이 단호히 포기된다는 것을 의미한다. 하지만 이러한 입장의 단점은 책임 개념을 개인주의적 개념으로 만든다는 것이다.

바라드에서 발견되는 포스트휴머니즘의 특징이기도 한, 브라도티가 추구하는 생물-윤리적 시민성은 특정 유형의 주체성을 지향한다. 이것은 지속가능한, 생태적인 또는 관계적인 주체성 만들기를 목표 삼는 주체성이다. 또한 인간 정신이 저기에 있는 만물의 실재성을 확인하는 데 필요한 체크포인트여야 한다고 (포스트-칸트적 사유, 또는 메이야수가 말하는 '상관주의'가 주장하는 내용) 말하지 않는 유형의 주체성이다. 바라드의 양자 물리학적-윤리적 주체성의 대응은, 이러한 자연주의적 패러다임을 고쳐 쓰는 것, '세계의' 모든 형태의 (여성적) 주체성들을 우리에게 제시하는 것이다. 이런 식으로 바라드의 포스트휴머니즘은 우리가 전에 마주한 바 있는 주체성들을 탐구한다. 이를테면 그레고리 베이트슨의 작품, 특히

1972년 걸작인 《마음의 생태학 *Steps to an Ecology of Mind*》 안에 있던 것들 말이다. 베이트슨은 이 작품에서 내적-관계작용을 통해 생각하기가 왜 시급한지 멋지게 압축해 말한다(491-2).

당신이 당신의 인식론을 좁힐 때, 또한 "내게 흥미로운 것이 곧 나이거나 내가 속한 조직이거나 내가 속한 종"이라는 전제하에서 행동할 때, 그때 당신은 회로loop 구조의 다른 회로들에 관한 생각을 잘라낸다. 당신은 당신이 인간 삶의 부산물들을 없애길 원한다고 결론내린다. 또한 이리 호수가 그 부산물들을 내려놓을 좋은 장소라고 결론내린다. 당신은 이리 호수라 불리는 생태-정신계가 당신의 더 넓은 생태-정신계의 일부라는 것을 망각한다. 만일 이리 호수가 미쳐버린다면, 그 호수의 광기는 당신의 생각과 경험이라는 더 큰 계 안에 결합된다는 것도 망각한다.

여기서 베이트슨이 실천하는 윤리학은, 우리가 살아내는 사건들 안에서 자기들을 실현하는 (통합적) 재-형상만들기 과정들을 보여준다. 또한 매우 간단한 용어로 왜 포스트휴머니즘이 일종의 비판적 자연주의여야 하는지를 말해준다. 그러나 비판적 자연주의를 강조함으로써 베이트슨은, 우리 시대에 훨씬 더 필요한 이론적(따라서 윤리적) 논쟁으로 진화한 논쟁을 정확히 먼저 인식했다. 인류가 생물권의 근본적 변화에 책임이 있는 지질학적 힘이 되어버린 시대의 특징을 언급하기 위해 네덜란드 출신 노벨상 수상자 파울 크뤼천Paul Crutzen(2002)은 '인류세Anthropocene'라는 용어를 사용했다. 때로는 인류세라고도 불리는 시대에 살고 있는 오늘날, 비판적 자연주의가 정치적으로 요구되는 현실이야말로 어쩌면 현대 문화 이론에서 가장 절박한 문제일 것이다. 흥미롭게도, 그 자신이 지질학자/화학자인 크뤼천은, 테크놀로지가 자신을 자연 과정들로부터 소외시킨 사태만이 인간의 (자연) 지배의 결과물이 아님을, (사회적이고 경제적인 것들을 포함해) 숱한 방식으로 인류가 점점 더 자신(주체)을 자신이 지배하고자 하는 세계(대상)에 대립시켰다는 사실 역시 그것임을 보여주었다.

암묵적으로 크뤼천의 주장은 이분법이 인류세의 핵심에 있다는 점을 확인해준다. 이분법은 푸코가 우리의 진리의 조건이라고 여길 무언가에 중심적이다―이분법이야말로 우리 시대의 특징이며, 모더니티가 힘을 발휘한 전 기간에 그러했다(Foucault 1966, ch. 2 참고). 20세기 초반, 수학자이자 철학자인 화이트헤드([1925] 1967)는 동료 수학자이자 철학자인 데카르트의 글을 통해 이 이분법이 산업혁명 훨씬 이전에 어떤 식으로 유효하게 작동했는지를 보여준다. 앞서 언급했듯, 화이트헤드는 근대의 공장이 (영국의) 자연에 미친 파괴적 결과를 바라보며, 훗날 크뤼천이 인류세라고 부를 시대는 하나의 관념이 아니라 어떤 정신의 상태로부터 야기될 것이라고, 이미 경고했었다.

과학이 근대적 사유에 도입한 통념들은 데카르트에 의해 표현된 특정한 철학적 입장과 분리될 수 없다. 신체와 정신이 독립적 실체라는 가정, 각각이 서로에 대한 그 어떤 필수적 참조와도 무관하게, 그 자체로 존재한다는 가정 말이다.

(Whitehead[1925] 1967, 194)

또는 이 분석의 주장을 요약하자면, 이 책 첫머리에 소개된 단락들을 실제로 반영하자면 이렇다—이분법은, 그 모든 면에서, 우리가 알고 있는 근대 세계를 창조해냈다.

그러므로 바라드가 발전시킨 비판적 자연주의 윤리는 시의적절하다. 과학과 인문학(양자 물리학과 페미니즘)으로써 생태적인 것을 실천하면서, 바라드는 근대적 이분법들을 우리 시대의 진리의 조건으로서 보여준다. 그러나 바로 그 이분법들을 해체함으로써, 내적-관계작용을 강조함으로써, 자기 식의 비판적 자연주의를 하나의 입장으로 일관되게 구축함으로써, 바라드는 어떻게 인식론적 네트워크가 주체와 대상과 매개체를 **창조해내면서**, 여러 가지 다른 절단들cuts(그는 이것을 행위적 절단들agential cuts이라고 부른다)을 배치하는지 보여준다(2007, 352). 바라드의 양자역학 **자체가** 일종의 비판적 자연주의이자 포스트휴먼 지구철학이다. 그것은 우리에게 내적-관계작용들의 지구를, 행위적 절단들의 지구를, 여성클럽의 지구를 보여준다. 또는 바라드는 스스로 이렇게 결론내린다.

보어의 논설에 대한 나의 포스트휴머니즘적 설명은, 인간을 그 주위에서 이론이 돌아가는 일종의 추가된 체계가 아니라, 관계적 존재론의 용어들로써 설명되어야 하는 일종의 자연 현상으로 이해한다. 이러한 개념화는 보어의 깊은 자연주의적 통찰을 명예롭게 여긴다. 인간은 인간 자신이 이해하려 하는 바로 그 자연의 일부라는 사실을 알아차리라고, 양자 물리학이 우리에게 요청한다는 통찰 말이다.

(2007, 352)

기하학자의 제 1공리:
신체는 접히는 것이다

《물리학의 탄생 *The Birth of Physics*》에서 미셸 세르는 자신이 '앵글의 역사'라고 부르는 것에 주목한다. 이것은 생명의 물질들을 나타내는 특정 형태들과 신체들에, 숫자와 수량화에 아직 항복하지 않은 물리학을 그만의 방식으로 요약한 것이다. 에라스무스는《우신예찬 *In Praise of Folly*》에서 기성 질서를 옹호하는 이들을, 즉 즉 성직자, 휴머니스트, 자본가들을 아마도 단테의《지옥 *Inferno*》을 떠올리며 '논리의 마술사들'이라고 부른다. 유명한 표현이지만,《지옥》에서 악마는 우리에게 이렇게 말했던 것이다—내가 논리학자였던 걸 넌 몰랐던 거니tu non pensavi ch'io loico fossi? 마술사들은 숫자로 무장한 채, 무언가를 지배하도록 설계된 이상적 형태(삼각형, 사각형)와 함께 시작하는데 (또한 끝내는데), 그들은 엄정함과 정확성을 혼동한다고 세르는 말한다. 좋은 소식은, 또 다른 물리학이 가능하다는 것이다. 사실, 완전히 다른 비데카르트적 물리학은 20세기 양자 물리학, 양자역학의 부상과 더불어 빛을 본 것은 아니다.

그것은 계속해서 유효한 힘을 발휘해왔다. 닐스 보어 훨씬 이전에 루크레티우스, 아르키메데스, 지렛대, 나사의 물리학이 있었고, 조셉 니덤 같은 과학철학자들이 (서양) 학계의 근시안성을 증명하기 훨씬 이전에 세계 각지에서 익명의 삶을 살았던 훨씬 더 많은 지구 철학자들의 물리학이 있었다. 이는 유럽의 지배 이전에 (동안에 그리고 이후에!) 세계의 수많은 이들에게 소중했던 물리학이다. 인류 역사상 가장 인상 깊은 사원들의 실체를 드러냈고 가장 거대한 고분을 숨긴 물리학이기도 하다. 또한 약 600년 경 중국 허베이성에서 건설된 안지Anji 다리의 건설을 설명하는 물리학이다. 이 다리의 길이는 37미터가 넘는데, 이 거리는 유럽에서 정확성의 대가들로 인정받는 엔지니어들이 최근 120년 동안에만 감당하고 있는 거리이다.

스피노자는 이 모든 것을 말한다—신체가 무엇을 할 수 있는지 우리는 아직 모른다. 《에티카》 2부의 한 숨막히는 부분에서 스피노자는 기하학자에게 도구 상자를 준다. 스피노자주의자들 사이에서 이것은 그의 '물리학 소론'이라고 불린다. 이는 신체의 철학이 아니라 신체가 무엇을 할 수 있는지에 관한 철학이다. 달리 말해, 세르가 말한 앵글의 철학이다. 이 철학은 움직임, 느림, 운동, 휴식을 다루고, 통합, 분리, 강도, 존재의 가벼움을 논한다. 스피노자적 도구를 갖춘 기하학자는 이 도구들과 관련해 중요한 것/문제가 되는 것을 건축하고, 이동시키고, 구부리는 안무가다.

브라이언 마수미와의 한 개인적 대화 도중, 안무가 윌리엄 포사이스William Forsythe가 한 말이 바로 이것이었다. 그는 이렇게 말했던 것이다―"하나의 신체는 접히는 것이다a body is that which folds"(Massumi 2011a, 140). "춤을 춤추는 사람으로부터 어떻게 구별할 수 있나?"(Colebrook 2005를 참고) 같은 주제들에서 촉발된, 신체에 대한 포사이스의 생각 덕에 마수미는 근대 무용과 당대 무용을 차별화하는 방법을 얻게 된다. 신체를 내적 감정의 표현 수단으로 사용하기, 신체를 통한 재현을 강조하기(근대의 무용에서는 흔히 이런 일이 일어난다.) 일체와 거리를 두면서, 마수미는 마사 그레이엄Martha Graham의 상징적 몸짓 사용을 특정해서 언급한다(예컨대 Graham 1937를 참고). 그레이엄의 주장에 따르면, 당대의 무용은 "순수한 움직임에 초점을 맞추"려고 한다(Gil 2002, 121, Massumi 2011a에서 재인용).

이것은 결정적인 차이다―근대 무용에서는 신체가 춤을 추지만(신체의 움직임이 춤을 창조하지만), 당대 무용에서 춤추는 자는 그 춤 **안에** 와 있게 된다(움직임이 춤추는 신체를 창조해낸다). 후자의 웅변적 사례는 피나 바우쉬Pina Bausch의 〈카페 뮐러Cafe Müller〉일 것이다. 이 작품에서 그 카페의 의자들은 춤추는 자를 둘러싸는 대신, 춤추는 자가 그 앞에서 춤을 추는 미장센을 만들어낸다. 즉, 의자의 다리들은 춤추는 자의 다리 못지 않게 춤에 참여한다. 춤은 중요한 것/문제되는 것 안에서, 물질들이 행하는 모든 것들 간의 내적-관계작용 안에서 발생한다.

포사이스의 정의는 당대의 무용이 근대성/근대 무용에 살을 부여한 이분법을 극복한다는 점을 여실히 보여준다. 한편으로, 당대의 무용은 춤추는 자와 (춤추는 자가 재-현하거나 거기에 맞추어 춤을 추도록 정해져 있는) 세계 사이의 대립에 더 이상 아무런 관심이 없다. 당대의 무용은 신체를 '이미 존재하고 있는' 것으로, 상황(춤)이 요구할 때마다 실현되어야 하는 잠재력으로 가득 차 있는 것으로 여기지 않는다. 정반대로, 신체는 춤 안에서 발생한다. 이것은, 그것(신체, 접힘)이 자기를 실현하는 것은 오직 접는 행위(춤)를 통해서만이라는 것을 의미한다. 또한 이것은, 하나의 신체적 전체를 실현해내는 접기가 아리스토텔레스적인 의미에서의 기억이나, 신체를 사전에 조직하는 것으로 가정되는 그 어떤 행위성 이후에 따라나오는 것이 아님을 의미한다. 도리어 신체-정신은 접기 안에서 발생한다. 즉, 그것의 단일성이 나타나는 것은 오직 접기 때문이다. 신체는 형태를 취한다, 마치 그것의 관념이 그러하듯.

개체화가 실행되는 순간은 질베르 시몽동의 심리학과 철학에서 중심 주제였다. 시몽동은 이렇게 말했다(1992b, 311, 저자의 번역이다).

개체화된 존재자를 출발지점으로 삼아 개체화를 파악하는 대신, 우리는 개체화의 시점에서 개체화된 존재자를 파악해야만 한다.

또한 개체화 이전 존재의 시점에서 개체화를 파악해야만 한다. 이것들은 각각 여러 상이한 크기 정도orders of magnitude에서 작동한다.

시몽동의 철학은 근대 철학(그리고 물리학, 생물학, 심리학)에 대항하는 쪽을 향해 있다. 시몽동은 (어떤 역사를 가정하며) 뒤로 역행하는 인간중심적 발생론을 거부하고, 미래성의 실현을 미리 보게 하는 현 시대의 개체발생론을 선호한다. 시몽동은 순수한 움직임을 위해, 본래 그러함을 위해, 접힘의 측면에서 사유하기를 위해 비슷한 (현 시대의) 호소를 내놓는다.

근대적 명제들의 바깥에서 우리의 사유를 시작하자는 제안을 멋지게 개념으로 잡아주는 것은 포사이스의 '접힘the fold' 개념이다. 왜냐하면 무엇보다도 신체가, 우리에게 그렇게 보이는 순간에서조차도, 하나의 (또는 그것의) 외부와 대립할 수 있는 하나의 내부로 간주되어서는 안 된다는 점을 우리에게 말해주는 것은, 무엇보다도 그 접힘이기 때문이다. 앵글에 대한 세르의 물리학을 기억한 채, 들뢰즈가 제시한 접힘은, 신체를 접히는 것으로서 다시금 생각하는 방법을 일러준다. 그는 이렇게 말하는 것이다—"외부는 고정된 범위가 아니다. 외부는, 하나의 내부를 함께 구성하는 연동 운동들, 접기들, 접힘들에 의해 작동하는 이동하는 물질이다. 지금 언급한 이것들은 외부가 아닌 다른 무언가는 아니다. 하지만 이것들은 정확하게는 하나의 외부의 내부다"([1988]: 98). 〈하나의 평평한 것, 재생산된One Flat Thing, Reproduced〉이라는 작품의 안무에서, 포사이스(2006)는 춤이 일련의 동시적 접기들과 접힘들(무리를 이룬 신체들, 대위법으로 조성된 신체들, 복합체들, 구부러진 그물들, 분화된 것들 등)과 조화로운 움직임 속에서, 고정된, 기하학적 표의 격자를 어떻게 용해해서 각자 위치가 있는 표면으로 만들어내는지를 정말이지 잘 보여준다.

내부와 외부의 차이를 일절 거부한다는 것은, 왜 당대의 무용이 순수한 움직임에 그토록 철저히 초점을 맞추는지를 강조할 어쩌면 유일한 방법일 것이다. 무용은 신체적 코드로는 포획할 수 없고, 무용의 표현주의는 기호에 의해 한정될 수 없으며, 무용상의 움직임은 비트루비우스 인체 도상Vitruvian schemas*으로 환원될 수 없다. 올브라이트Allbright가 여전히 주장하는 것처럼(1997, xiv), 당대의 무용은 '의미'에 관한 것도 아니고, 무언가에 '저항'하는 것도 아니다. 이미 1960년대 초에 전설적인 공연가 머스 커닝햄Merce Cunningham은 다음과 같이 주장하면서 이 모든 것을 너무도 분명히 밝혔다.

---

* 비트루비우스는 BC 1세기에 활동한 고대 로마 시대 건축가/기술자로, 비트루비우스 인체 도상(해부도)은 레오나르도 다 빈치가 비트루비우스의 디자인 원칙에 따라 그린 인체 도상을 말한다.

제 안무에는 그 어떤 생각도 개입해 있지 않아요. 저는 매일 아침 스튜디오에서 한두 시간씩 혼자 작업한답니다. 그저 시도해보는 거지요. 그리고 제 눈이 거울 속에서 무언가를 붙드는 때가 있어요. 또는 흥미로워 보이는 무언가를 제 몸이 붙잡는 때가. 그러면 저는 그것을 붙들고 작업한답니다…저는 이미지나 관념을 통해서 작업하지는 않아요. 저는 몸을 통해서 작업해요.

(Tomkins 1965, 246에서)

포사이스보다 더 분명하게 커닝햄은 자기가 왜 근대적 전통을 거부하는지 매우 강한 어조로 표현한 바 있다. 특히 "감정적이거나 심리적인 의미들에 기초를 둔 그런 종류의 A-B-A" 도식에 대한 근대적 전통의 강조는 "내게는 그저 우스꽝스럽게만 보일 뿐이었다"(Tomkins 1965, 244에서).

커닝햄은 당대의 무용이 왜 신체가 아니라, 곧 나타날 춤 속에서 구현되고 실현될 **모든** 형태, **모든** 물질에 대한 느낌에서 시작되는지를 아름답게 설명해낸다. 그렇다면 모더니즘을 없앤다는 것은 곧 춤이 발생하기 위한 출발지점으로서의 신체를 없앤다는 것을 의미하기도 한다. 호세 질José Gil이 말했듯, "에너지는 신체에서 사물로 이동하기보다는 공간 안에서 직접 순환한다"(Gil [1985] 1998, 145). 당대의 무용은 뜻하지 않은 것을 느끼는 것, 예기치 않은 진동이 촉발되도록 허용하는 것이다. 따라서 그 무용의 출발지점은 질이 나중에 '강렬한 외부'(2006, 24)라고 부른 것이어야 한다.

이 강렬한 외부에서, 모든 물질은 '춤'이라고 부를 수 있을 부단한, 무수한 힘에 의해 어떤 식으로든 **열려야** 마땅하다. 이것이 바로 마수미가 말한 당대의 무용의 사변적 성격이다. 모든 움직임, 모든 자세는 곧 나타날 움직임과 함께 오며, 결코 기약할 수는 없는 약속을 우리에게 한다. 춤은 한 몸짓에서 다음 몸짓으로의 이동일 수 없다. 왜냐하면 그 사이에, 언제나 이미, 무언가가 발생하고, 하나의 움직임이 해체되기 때문이다─뜻하지 않은 강렬함이 중요한 모든 것을 새로운 신체들 안으로 계속해서 접고(펴고) 있는데, 사실 이것이야말로 춤의 핵심이다. 이 점을 염두에 둔다면, 당대의 무용을 근대 무용 전통과 연관지어 분석할 필연의 이유가 없다는 결론을 내리지 않을 수 없다. 앞에서 말한 강렬한 외부는 모든 움직임이 해체될 가능성에 관한 것이다. 또한 **모든** 기하학적 표면을 위치가 있는 평면으로 바꾸는 것, 미지의 탄성을 테스트해 보는 것에 관한 것이다. 이것을 근대 무용과 연관지을 이유는 없다. 또는 특정한 다른 전통과 연관지을 이유도 없는데, 결국 가능한 모든 전통은 해체될 수 있고 해체되어야 하기 때문이다. 강렬한 외부는 미리 결정된 관계성 일체를 거부하며, 따라서 모든 가능한 전통들 속에서는 **틀림없이** 작동한다. 강렬한 외부는 전통을 해체해 열어젖히거나 그렇지 않으면 그것을 폭로할 기세인, 모든 전통 안에 흐르는 저류이기 때문이다.

접힘이 어떻게 시작되는지를, 당대의 무용 안에서 물질이 어떻게 열리고 공연(조형)되는지를 느끼기 위해, 이 강렬한 외부가 작동하는 당대 무용의 한 장면을 좀 더 소상히 들여다보자. 댄스 컴퍼니 라인로바나LeineRoebana의 공연 〈고스트 트랙Ghost Track〉의 한 장면을 분석해보고자 한다. 이 장면은 무용수들인 팀 퍼센트Tim Persent, 바비 아리 세티아완Boby Ari Setiawan, 그리고 이완 구나완Iwan Gunawan과 그의 카이 파타힐라Kyai Fatahillah 오케스트라가 연주하는 현대 가믈란gamelan* 음악 사이의 내적-관계작용이다. 구나완의 작곡과 즉흥 연주는 여러 면에서 카를-하인츠 슈톡하우젠Karl-Heinz Stockhausen의 오케스트라 연주를 상기시킨다. (가믈란 오케스트라는 목관악기, 브라스, 타악기, 현악기, 그리고 오늘날엔 전자 악기들을 갖추고 있어서 그 어떤 오늘날의 심포니 오케스트라만큼이나 그 소리가 다채롭다.) 하지만 타악기(메탈로폰, 실로폰, 드럼)에 중점을 둔다는 특징 자체는, 가믈란의 역사가 (심포니 오케스트라의 역사보다 훨씬 더) 무용의 역사와 (그리고 무술의 역사와 연극의 역사와) 뒤엉켜 있음을 말해준다. 그렇기에 구나완의 리듬은 '거기에 맞춰 춤을 추어야 하는' 리듬이 아니다. 그 리듬은 신체로 하여금 동작에

---

* 인도네시아의 전통 기악 합주곡. 자와섬, 순다 열도, 발리섬 등에서 연주되는 합주곡 또는 그 합주곡에서 연주되는 악기들을 지칭한다.

들어가게 하는 세팅이 아니다. 그것은 언제나 이미 물질을, 손과 눈의 움직임을 횡단하는 리듬이다. 당김음내기와 폴리리듬적 소리는 그것에 따라 공간에 의례가 세팅되는 차원이자 방향이다. 파동의 가속과 감속은 (그에 따라) 신체들이 발생하는 적당한 간격을 계속해서 질적으로 변화시킨다.

　동시간대의 파동 그리고 관련된 물질을 춤추는 연동 운동은 근대적 전통에서 나온 패턴들과 센트럴 자바Central Java의 전통들에서 나온 패턴들을 횡단한다. 맨 처음 그들은 서로의 주위를 (천천히) 빙빙 돈다. 두 명의 무용수는 관객을 마주본 채 등을 맞대고 서 있다. 한 무용수가 땅에 단단히 발을 붙인 채로 신체의 중심을 왼쪽에서 오른쪽으로 서서히 옮긴다. 그 동안 다른 무용수는 하늘로 올라가서는 만들어진 허공 속으로 떨어져내릴 길들을 찾는 동시에, 그 길들에 의해 견인된다. 앞의 무용수는 크레아시 바루kreasi baru, 즉 '새로운 창조'를 춤춘다. 이것은 결국 옛 센트럴 자바와 순다Sunda 전통에서 볼 수 있는 다양한 나레이션(greget)의 재창조 또는 그것의 즉흥 연주(nandhak)다. 후자는 무척 다양한 서양 무용 스타일들 가운데 상대적으로 최근의 지레받침인 발레의 유산을 새롭게 쓴다. 하지만 실험이 진전됨에 따라, 두 전통은 서로에게 뒤엉킨다. 두 전통은 '각자를 유지하기'가 불가능한 것으로 판명된다. 선들은 뒤엉켜 결합되고, 움직임들의 해체는 불가피하며, 균열이 출현하고 있고, 한쪽은 다른 쪽으로 피를 흘려야 하며, 그 반대쪽도 마찬가지이다. 그리고 바로 이곳이 강렬한 외부가 시작되는 지점이다.

안무가 중 한 명인 하리조노 로바나Harijono Roebana(다른 한 명은 안드레아 라인Andrea Leine)와 몇 차례 공개 토론을 한 적이 있는데, 당시 그는 자신과 동료 서양 무용수들이 인도네시아 무용의 다채롭고 풍요로운 전통을 거의 알지 못했다고 줄곧 이야기했다. 그와 비슷하게, 인도네시아 무용수들은 근대 무용이 어떤 문법으로 진행되는지 알지 못했다. 주제는 복제되지 않았고, 나레이션은 다시 말해지지 않았다. 무용이 진행되는 내내 점점 더 강력해지고 점점 더 지구력을 지니게 되는 파동과 연동 운동은, 천천히 그러나 꾸준히 그들이 가정한 모든 것을 그리고 전통들을 부수었다. 그 어떤 상호작용 패턴도, 이해도, 가능한 예상도 없었다. 그들이 충돌하는 동안, 다양한 개별 움직임에서 생성된 새로운 무언가가 사태에 개입해야 했다. 무용수들만이 아니라 뮤지션들과 그들의 악기까지 **포함하는** 새로운 시스템이 구현되었다. 그리고 그 시스템은 무용수들이나 뮤지션들에 의해서가 아니라 더 큰 존재자, 전체 시스템, 춤 자체에 의해서 그 움직임이 지속되어야 한다. 이러한 학습 과정을 유발하는 새로운 정보는, 베이트슨이 명료하게 정리했듯(2002, 130), "오직 시스템 내부에서만" 나온다. "변화는 경계선들 안에 있었다."

강렬한 외부 안에서 느껴지는 이 추상적인 관계들은 어떤 식으로든 춤을 변형시킨다. 그 두 명의 무용수들은 상대의 움직임을 서로 확장했다. 상대를 접었다 폈다 하면서, 새로운 춤, 당대의 춤을 구성하는, 뜻하지 않은 새로운 신체들을 창조해내면서. 오래된 것은 사라지지 않는다. 대신 파편으로 쪼개져서는 새로운 것 안으로 수용된다—'보름달'과 '초승달' 같은 모양을 만들어내기 위한 손가락 (오버)스트레칭의 움직임(ngithing)은 이제 중단되지만, 곧이어 다른 무용수의 팔 윗부분의 움직임이, 낭랑한 징 소리가 이어진다.

여전히 관객을 마주본 채, 두 무용수는, 두 전통은 자기들을 펼친다. 팔들은 뒤엉키고, 한쪽의 엉덩이에서 다른쪽의 가슴으로, 한쪽의 왼편에서 다른쪽의 오른편으로 움직임이 흐른다. 공명하는 대각선을 찾으며, 압력을 가하며, 함께 밀고 당기면서. 이것은 스퓌브로에크Spuybroek가 "차이의 최소화를 기초로 한 반복된 조정을 위한 점진적 절차"(2011, 22)라고 말한 것을 통해서 발생한다. 즉, 최소한의 변형이 J-곡선, S-곡선 같은 완전히 새로운 형상을 만들어내면서, 이전에는 전혀 발생하지 않았던 새로운 신체들을 유발한다. 이 춤은 무용수의 신체가 지닌 잠재력을 전혀 따라가지 않는다. 즉, 그것은 신체가 할 수 있는 것을 '존중'하지 않는다. 정반대로, 중요한 것과 중요하지 않은 것 사이의 대립, 가까이 있는 것과 먼 것 사이의 대립은 모두 깨지고 **동시**에 둘 사이의 날카로움은 부드러워진다. 모든 춤은 새로운 다이아그램을, 새로운 기능의 세트, 직물의 세트를 창조해낸다. 관련된 물질들을 **살면서**, 그것들을 새롭게 그려내면서.

〈고스트 트랙〉은 이 강렬한 외부가 (이 외부는 당대의 퍼포먼스가 무엇인지를 알려주는데) 어디에서나 작용하고 있음을 보여준다. 충분히 기대할 수 있는 것인데, 그것의 위상학[지형학]적 본질을 고려할 때, 이 강렬한 외부에는 모든 물질을, 금세 발생하려고 하는 것들의 모든 면모를 깨트릴 수 있는 잠재력이 있다. 앞서 논의한 춤 안에서, 강렬한 외부는 정확히 그런 식으로 작용한다. 한 명의 무용수나 하나의 전통 또는 그 어떤 가능한 신체도 '목표물'이 된다. 하지만 그건 그것이 타자를 **알기** 때문도, 그것이 다른 '그것'을 열거나 다른 '그것'을 향해 손을 뻗기 때문도 아니다. 정반대로, 급진적 열림의 관심은 온통 **외부에 있는 힘 전체를 유혹**해서 그 힘을 촉발시키는 것에 쏠려 있다. 급진적 열림의 화학은 순수한 신체적 실험인데, 왜냐하면 오직 그럴 때만 경계의 급진적 변화가 일어날 수 있고, 오직 그럴 때만 어디에서든 접힘이나 신체들이 발생할 수 있기 때문이다. 그리고 그 열림은 무용수들을, 근대의 전통들을, 센트럴 자바의 전통들을, 중요한 모든 것을 열어젖힌다. 이 강렬한 외부는 어떤 춤이든 열어젖힌다. 예상치 못했던 그것의 새로운 접힘들, 알려진 바 없는 그것의 새로운 형상들이 언제 어디서든 구현될 수 있다. 왜냐하면 이 강렬한 외부는 비록 당대의 무용에 핵심적으로 중요하긴 하지만, 당대에 발생하는 사건들에만 국한된 것은 전혀 아니기 때문이다. 이 강렬한 외부는 시간과 공간을 가로질러 쉽게 제 길을 접는 굉장히 강력한 횡단적 힘으로, 기꺼이 목표물이 되려는, 기꺼이 깨지려 하는 신체들 전부를 깨뜨린다.

〈고스트 트랙〉이 근대의 전통들과 센트럴 자바의 전통들을 깨트리려고 꾸준히 애쓰는 데는 그만한 이유가 있다. 왜냐하면 그 강렬한 외부가 계속해서 발명되었고, 그에 따라 이 흐름이 처음부터 센트럴 자바 식 퍼포먼스 전통들을 깨트려 그것을 열어젖히기 때문이다. 이러한 전통들에서 '예술을 위한 예술' 운동은 불가능했을 것이라는 점은 앞서 이야기했는데, 그건 멜로디와 하모니보다는 오히려 템포와 (무엇보다도) 퍼포먼스의 밀도(Irama)가 음악, 춤, 이야기 줄거리에서 발생하기 때문이다. 하지만 센트럴 자바에는 이 템포와 (퍼포먼스의) 밀도는 종교와 무술과 사회정치와 관련이 있다. 퍼포먼스의 가속과 감속을 무엇보다도 결정짓는 지레받침은 특정하게 접힌 이 오케스트라의 특성이다.

더블 바로크 오케스트라(대부분의 시간 동안 서로에게 동일한 두 파트)와 달리, 센트럴 자바 가믈란 오케스트라의 두 파트는 서로 전혀 알지 못한다. 사실, 두 파트는 함께 움직이며 서로에게 접히는, 그래서 하나의 신체가 되는, 두 개의 완전히 다른 오케스트라이다. 각기 슬렌드로slendro(5음 조율) 체계와 펠로그pelog(7음 조율) 체계로 알려진 두 앙상블은 오직 소리 구성의 밀도를 통해서만 서로를 해체해가는 두 개의 특유하게 조율된 악기 그룹으로 구성되어 있다. 실제로 이들은 자기 자신을 다른 체계에 여는 것이 아니라, 이 강렬한 외부에 의해 **균열되며** 열린다.

미셸 세르([1983] 2013년)와 질 들뢰즈([1988] 1993) 모두 제빵사가 밀가루 반죽을 폈다 접는 방식과, 시간이 기억이나 생각 속으로 접히는 방식이 유사하다고 생각한다. 아이디어가, 또는 만일 이 단어를 고수하고 싶다면 '의미'가 춤 속에서 발생하는 방식이 바로 이 방식이다. 접기는 밀가루 반죽의 한쪽 끝을 다른 쪽 끝에 연결하고, 둘을 하나 되게 한다. 따라서 움직임은 일종의 직선적 발전으로 환원되어서는 안된다. 움직임은 신체를 빚어내는 온갖 종류의 수축contractions과 쇠약화attenuations에 관한 것이다. 물질 접기, 중요한 것 접기, 당대의 무용은 언제나 다른 식으로 생각한다. 춤을 떠올리며 "움직임의 의미는 바로 의미의 움직임"(2002, 125)이라고 결론지을 때, 질은 우리에게 창조적 사유의 힘을 보여준다.

기하학자는 야생적이고, 불규칙하고, 살아있는 것의 지도를 그린다

라르스 스퓌브로에크Lars Spuybroek은 자신의 책《사물들의 연민 *The Sympathy of Things*》에서 '연민'이라는 단어가 새로운 빛을 발하게 한다. 형태와 생명[체]을 심미적으로 탐구해야 함을, 연민이 알려 준다는 것이다. 그의 방법은 "사물들이 서로 모양을 빚어낼 때 그들이 무엇을 느끼는지"(2011, 9)를 분석하는 것이다. 스퓌브로에크 자신이 (그의 사무실 녹스Nox와 함께) 호평 받는 건축가인데, 1990 년대와 2000년대에 그는 네덜란드의 HtwoOexpo 워터 파빌리온 Water pavilion, 프랑스 릴Lille의 메종 폴리Maison Folie, 뉴욕의 올릭스 Olix WTC(실현되지 않음) 같은 찬사를 받았던 설계작품 그리고 네 덜란드 두티헴Dotinchem의 D-tower, 송 엔 브뤼헐Son en Breughel의 Son-O-House 같은 인터랙티브 예술을 설계하고 건축한 바 있다. 그는 자기의 설계 작업에 글을 남기는데, 그의 모든 작업은 건축된 환경과 그것을 사는 여러 방식 간의 내적-관계작용을 연구한다.

홍미롭게도 '연민'은 19세기 말에는 아직 '인간화'되지는 않았었다. 연민은 우리와 꽃병 사이에서, 말벌과 난초 사이에서, 바다와 달 사이에서 일어날 수 있다. 연민은 이러한 모든 동일함의 과정을 조명하며, 더 온화하고, 더 친구 같고, 더 형제애 넘치고, 더 자매 같은 지구를 보여준다. 자본주의로 말미암아 과성장해버린 21세기 지구의 모습을 그리려 하는 기하학자에게는, 연민이야말로 가장 쓸모 있는 개념이다. 스퀴브로에크는 아라카와, 진스*와 이야기하며 건축에서 장식이 전무한 텅 빈 흰 입방체가 왜 오래된 그릇된 이상이었는지를, 심지어 죽임의 아이디어인지를 밝힌다. 그것은 **생명**이 발생하는 방식 그리고 지구와 거의 무관한 초월주의라는 것이다. 그는 낭만주의 미학, 건축, 설계 개념에서 자기의 소울메이트를 발견한다. 이것들은 언제나 (나타날) 사물들의 연민과 관련돼 있었기 때문이다.

야생적임과 황야에 관심을 두는 낭만주의는, '영spirit'을 이해하기 위한 필수 출발지점이 곧 미학이라는 피히테Fichte의 생각에서 발견된다. 또는 "오직 내면의 연민만이 즉, 우리의 인간적 자아 전체를 느끼는 것 그리고 촉각이 탐색해온 형태로 그 자아를 옮기는 것만이, 아름다움이 무엇인가를 가르쳐주고 알려주는

---

* 아라카와 슈사쿠Arakawa Shūsaku, 메들렌 진스Madeline Gins를 말하며 두 사람은 2010년 Reversible Destiny Foundation이라는 이름의 스튜디오를 설립해 공동 작업을 했다.

자"(Spuybroek 2011, 147)라고 말한 헤르더Herder의 생각에서 발견된다. 아름다움으로 되돌아가는 우리의 길을 찾는다는 것은, 관념론에서 벗어나, 어쩌면 모더니즘(그 하얀 입방체)에서 완전히 벗어나, 생명으로 되돌아가는 우리의 길을 찾는다는 것과도 같은 것이다. 건축 그리고 사회 전체에서 20세기를 지배했던 바로 그 모더니즘에서 말이다. 아름다움/생명의 토대를 탐구한다는 것은 물질의 호소에, 어쩌면 물질이 생산해내는, 뜻하지 않은, 부단히 변하는 이미지의 창조적 힘들에 우리 자신을 (다시금) 연다는 것이다.

연민을 탐구한다면, 존 러스킨John Ruskin을 따라간 스퓌브로에크를 따라가자. 존 러스킨은 로마 고전주의 양식(모더니즘은 이것을 무척 선호했다)과 대립하는 고딕 양식을 예찬했던 인물이다. 특히 고딕 스타일 장식에 우리는 최대치의 관심을 기울일 필요가 있다.

우리 모더니스트들은 모더니즘이 우리의 건축 환경에서 폭력적으로, 노골적으로 배제한 것이 다름 아닌 장식이었다는 것을 모두 기억한다. 스퓌브로에크는, 대상물의 순수한 정화와 하얀 입방체를 모색하는 가운데 아돌프 루스Adolf Loos가《장식과 범죄 Ornament und Verbrechen》를 집필했음을, 장식을 형태의 적으로 선언했음을 상기시킨다. 또는 이를 모더니즘 용어로 말하면, 장식은 데카르트적인 선을 교란하는 것이다. 스퓌브로에크는 (윌리엄 모리스를 통해) 고딕 양식에 그토록 기본적인 요소인 장식을 다시 독해하며 이렇게 주장한다(2011, 77).

장식은 물질과, 자연적 힘이든 기술적 힘이든 어떤 힘을 겪으면서 물질이 제 구조를 스스로 빚어내는 방식과 깊은 관련이 있다―장식과 질감이 물질의 지속적 재구성의 흔적을, 만들어지는 무언가의 흔적을 공유한다는 말을 어렵게 말하면, 이런 말이 된다.

그렇다면 장식은 특정 구조물에 '추가'되는 것이 아니라 그 구조물의 역사의 흔적으로서, 작업자와 지구 사이의 내적-관계작용을 드러내는 것으로서 인식되어야 한다. 장식은 물질의 마찰을, 접힘을 보여준다. 즉, 그것은 중력의 힘을 보여주는가 하면, 원소들을 상상케 한다.

그리하여 우선, 장식은 중요한 것/문제 되는 것의 과거와 미래 사이의 이행, 즉 화살이다. 특히 고딕 양식에서 장식과 구조 간 대립은 (모더니즘 윤리에서는 너무도 중요한 것이지만) 아무런 의미도 없다. 즉, "고딕 양식에서, **장식은 구조처럼 처신하고 구조는 장식처럼 처신한다**"(ibid, 44, 강조는 원문 그대로). 고딕 양식의 장식화가 관심을 두는 것은 뒤엉킴이고, 장식을 통해 (2차원에서 1차원으로의) 바둑판 배열과 (1차원에서 2차원으로의) 리본 배열이 공간성을 만들어낸다.

둘째로, 디자인 형태에 방향을 일러주는 것은 바로 이 화살이다.

고딕 양식이 온통 관심을 두는 것은 변형transformations인데, 그것은 장식들이 디자인에서 중요한 것/문제 되는 것을 횡단하기 때문이다—"문제되는 것은 기둥들, 아치형 천장들 또는 무늬 장식들 그 자체의 변하기 쉬움만은 아니다. 그것은 **기둥들이 아치형 천장들로, 아치형 천장들이 무늬 장식들로 변형**되기 쉬움이기도 하다"(ibid, 25). 변형되기 쉬움을 예찬하며 더 수학적인 용어로 말하려면, 이렇게 결론내릴 필요가 있다—"한 요소 안의 변형되기 쉬움은 요소들 사이의 변형되기 쉬움을 야기한다. 이것이 고딕 양식을 오늘날까지도 다른 그 어떤 건축 양식보다 더 급진적으로 만든다"(ibid, 26).

스퓌브로에크는 이것을 고딕의 **디지털적** 성격이라고 부른다. 여기서 디지털은 전자 컴퓨팅 분야의 용어가 아니라 이진 코드의 핵심이면서도 그만큼이나 고딕 양식의 핵심이기도 한 특정한 변이/변주variation 유형을 지시한다. 결국, 개별 요소들의 단순 행동('정도상의 차이'를 만들어내는 최소한의 기하학적 변조)이 환원불가능할 정도로 복잡한 집단 행동을, (앙리 베르그송의 작품에 메아리를 울리자면) '종류상의 차이'를 드러내는, 새롭고 독특한 아름다움을 야기한다는 말이다. 이 디지털적인 것은, 그의 용어를 사용하자면, 메너리즘적인 것으로 연결된다—손가락 또는 손(두 용어에는 저마다 다른 라틴어 어원이 있다.)으로써 스퓌브로에크는 건축의 관심사는 추상적 형태와 표면이 아니라고 강조한다. 렘 콜하스Rem

Koolhass는 자신의 최근작(2018)에서 그렇게 생각하는 듯하지만, (바닥, 벽, 창문 같은) '요소들'이 건축의 전부는 아니다. 정반대이다 —건축은 지구에, 지구를 재발견하기에, 지구와 더불어 실험하기에, 지구와 놀기에 관심을 둔다. 건축은 지구를, 지구의 강함을, 지구의 약함을 느끼기에 관심을 둔다.

건축은, 뒤뷔페Dubuffet 역시 주장하듯, 최초의 **거친 예술**art brut 이다. 스퓌브로에크는 러스킨을 따라 이것을 고딕 양식의 **야생성** 이라고 부른다.

야생인은 거친 북부 노동자들, 작업자들을 가리킨다. 손은 얼어 있고, 머리는 안개 속에, 발은 진흙 속에 처박은 이들을. 그들의 '버릇 없는' 본성 때문에, 그러나 그것뿐만이 아니라 고딕 양식의 개방된 디자인 체계 때문에 필연적으로 '실수'를 범하는 이들을. 이 개방된 디자인 체계는 특정 순간, 그들로 하여금 무엇을 할지 또는 돌연 무엇을 망설일지 자유롭게 결정하게 만들고, 궁극적으로는 '실패한, 어설픈' 장식을 제시하게 만든다.

(2011, 13/4)

러스킨 자신도 이 모든 것을 너무도 잘 알고 있었다.

그리고 저기에 살아있는 만물에는 생명의 표식일 뿐만 아니라 아

름다움의 원천이기도 한 특정한 불규칙성들과 결핍들이 있다. 어
떤 인간의 얼굴도 양쪽의 선과 주름이 정확히 똑같지 않다. 제 사
랑에 완벽한 잎도 없고, 그 대칭이 완벽한 나뭇가지도 없다. 만물
이 불규칙성을 인정한다. 그들 자체가 변화를 암시하는 이들이므
로. 그리고 불완전함을 추방하는 것은 표현을 파괴하는 것, 육체적
이고 정신적인 분투를 제약하는 것, 활기를 마비시키는 것이다. 만
물은 그 불완전함 때문에 그야말로 더 좋고, 더 사랑스럽고, 더 사
랑받는다.

(Ruskin 1854, 14)

그레고리 베이트슨이 말한 '상호작용의 패턴들' 속에서 만물은
존재하게 된다. 이러한 패턴들을 제거하는 것, 그들의 존재를 부
정하는 것은, 루스가 말하는 것처럼, 파시즘/죽음과 다르지 않다.
아라카와와 진스의 선언 《죽음을 불법화하기. 죽음에 반하는 건
축: 21세기의 오리지널 Making Dying Illegal. Architecture against Death: Origi-
nal to the 21ˢᵗ Century》도 이와 유사한 생기론적 주장을 강조한다. "전
술적으로 자리잡은 주변세계/보호해주는 거처 안에서 살겠다고
선택한다는 것은 계속해서 살아가고자 하는 전면적 노력으로 여
겨질 것이다"(2006, 25). 이것은 무한한 변주를 부른다─전혀 예기
치 않은 것을 향한 이 호소는 다음과 같이 결론지을 때 드러나는
스퀴브로에크의 소망이기도 하다. "진흙 웅덩이, 벽에 있는 꽃 또

는 하늘을 떠가는 구름 같은 형성 중인 대상물들을 순수한 생산성 이라는 컨텍스트 안에 있는 순수한 생산물로서 바라볼 수 있을 날 을 나는 갈망한다"(2011, 333). 스퀴브로에크는 스피노자주의자여 서, 이상적인 대상물에 유혹되지 않는다. 반대로 그는 지구/땅에 패인 홈들을 탐색하고 그것들을 탈영토화한다. 그것들의 손으로, 붓으로, 컴퓨터로 우리는 최소한의 변주를 실행하고, 그것이 야기 할 다른 종류의 삶을 상상한다. 스퀴브로에크는 기하학자다.

기하학자는 어떻게
예술이 대상물화하는지를 그려낸다

유물론을 대상물에 대한 탐구로 오해하지 말자! 1천 페이지가 넘으며, 두 권으로 구성된 책 《기사단장 죽이기 *Killing Commendatore*》에서 무라카미 하루키는 예술작품에 관해, 그 작품이라고 생각되는 대상물/그 작품이 관심을 기울이는 것이라고 생각되는 대상물에 관해 생각하게 한다. 주인공이 그리는 초상화들, 여기저기서 만난 사람들을 그린 간단한 스케치들은 전부 흰 표면, 즉 캔버스에 담기에는 **지나치게 생생하다.** 수년 동안, 무라카미의 이 무명의 주인공은 생계를 꾸리려고 초상화를 제작한다. 자유로운 작업이 아니라 위탁된 작업이기에, 그는 자신의 초상화를 예술이라고 말하고 싶어하지 않는다.

하지만 변곡점이 찾아온다. 부유한 이웃인, 멘시키Menshiki라는 이름의 번드르르한 한 남자가 큰 금액을 제시하면서 초상화를 그려달라고 요청한 것이다. 요청의 이유인즉, 자기가 주인공의 (숨은) 예술적 재능을 무척 존경하는데, 주인공이 그 재능을 끝까지 탐구해보기를 희망한다는 것이었다. 그 순간 이후, 여러 사건들이 동시에 일어난다. 왠지 서로 공명하는 것처럼 보이는 사건들이. 그러나 무라카미 작품이 늘 그렇듯, 이 모든 사건에는 뚜렷한 원인이나 결과가 없다. 모든 사건이 중요하고/문제되고, 그것들은 어쩐지 계속해서 (다른 방식으로) 중요하게 된다/문제가 된다.

멘시키가 그에게 준 자유 때문에, 넉넉한 돈 때문에, 그 사이에 일어난 모든 사건 때문에, 주인공이 멘시키를 두고 그린 초상화는 그가 이전에 그렸던 초상화들과는 판연히 다르다. 주인공은 혼란스러운 마음으로 인심 좋은 그의 후원자가 그의 첫 (반절은 자유 작품인) 예술작품을 과연 받아들일는지 궁금해한다. 그러나 처음 보자마자 멘시키는 그 그림이 아름답다고 생각한다—"정말 놀랍군요. 뭐랄까요, 제가 그간 머릿속으로 생각하고 있던 바로 그 그림인데요"([2017] 2017, 303, 저자의 번역).

마치 거울에 비친 자기 모습처럼 그 그림이 자기 얼굴을 있는 그대로 반영하고 있다고 멘시키가 말한 것은 아님이 분명하다. 소설은 그 그림과 그림 그려진 것 사이에 유사성이 거의 없음을 우리에게 말해준다. 예외가 있다면 아마도 그림 속 '하얀' 부분이 멘시키의 흰 머리카락을 떠올리게 하는 정도일 것이다. 그 하얀 부분, 빈 곳, 무색인 곳, 무無는 그 그림 어딘가에 있는데, 왠지 모르게 그것은 멘시키의 얼굴이 그림에서 나타나게 한다. 이것이 의미하는 것은, 주인공의 눈을 통해 "심지어 멘시키 자신이 그림 안에 있는 것처럼 보인다"는 것이다([2017] 2017, 394 저자의 번역). 그 그림 **안에**, 선과 색의 추상적인 놀이 안에, 멘시키는 거하고 있다. **그 바깥이 아니라.**

어쩌면 무라카미가 우리에게 보여주는 것은 미셸 세르가 말하는 전도된 플라톤주의일 것이다. 세르는 이렇게 물었던 것이다. "실재가 재현으로부터 탄생할 수 있을까?" ([1987] 2015, 126). 무라카미의 소설에서는 이것이 진실일지도 모른다. 그 그림이, 또는 더 낫게는, 그림 그려지는 것이 (그것이 무엇이든) **수많은 사건을 발생시키기** 때문이다.

흔히 예술가가 주제를 선택하는 것이 아니라 주제가 예술가를 선택한다고 한다. 그러나 이 발언은 여전히, 예술이 실제로 어떤 식으로 발생하는지를 재고하는 꽤나 빈약하고 낡아빠진 표현이다. 더 나쁘게 말하면, 이 주장은 여전히 뿌리 깊은 휴머니즘적 주장이다. 들뢰즈와 가타리는 일찍이 "예술은 인간이 시작하기를 기다리지 않는다"고 말했다([1980] 1987, 320). 인간과는 무관하게, 인간의 지배적 시간 개념(우리의 역사, 현재, 미래)과는 무관하게, 예술은 언제나 이미 저기에 있고 앞으로도 언제나 있을 것이다. 예술의 여행은 결코 우리에 의해 통제되지 않는다. 그렇다면 실재는 재현의 산물이라고 (그 반대가 아니라) 왜 결론내리지 못한단 말인가? 또는 어쩌면 더 낫게 말하면, 실재는 일종의 (인간의 또는 비인간의) 상상의 산물이라고 왜 결론내리지 못한단 말인가?

이것은 곧, 자연에서 뽑아낸 그 초상화가 누군가나 무언가(무라카미가 염두에 둘 아이디어, 은유)에 조명을 비추고 있음을 의미할 것이다. 드러난 것은, 그것이 무엇이든, **아직 거기에 없다**는 식으로 말이다. 그리고 어쩌면 그것은 결코 거기에 나타나지 않을 것이다. **그것은 약속을 지킨다.** 하지만 동시에 이 무언가는 **거기에 내내 있었다.** 그건 이전에도 중요했고, 그저 눈에 띄지 않은 채로 거기 있었을 뿐이다. 멘시키의 얼굴은 거기에 있었다. 하지만 그것이 존재하게 된 것은, 그것이 물질적으로 표현되고 실현된 것은 그 예술작품을 통해서였다. 바로 그 이유로, 이 소설 속 주인공은 회화를 "움직임의 포착"이라고 부른다. "…내가 묘사할 수 있도록 자기를 허락해준 어떤 징후의 포착"이라고([2017] 2018, 214).

하지만 그 묘사는 어떤 식으로 발생하는 것일까? 미학의 고전적 주제를 소환하자면, '작가'는 이 포착을 실현하는 일에 어떤 식으로 참여하는 것일까? 핵심은 역시 일종의 부재, 즉 없음인 것 같다. 무라카미의 책 전체에서 주인공은 자신이 줄곧 찾던 무언가를 잃어버렸다고 우리에게 말한다(예컨대, Murakami [2017] 2018, 175를 참고). 그가 말하는 이 상처는, 어떤 면에서, 그의 모든 삶의 순간에 그를 따라다니는 (텅 빈) 사건인, 여동생의 이른 죽음과 관련이 있다. 이것은 아마도 (그의 작품에서 그토록 중요한 역할을 하는) 토끼 굴(분명 이상한 나라의 앨리스와 관련 있다.)이라는 형식으로, 다른 빈 자리라는 형식으로 몇 번이고 되돌아오는 동일한 상처일 것이다. 이것은 무라카미의 작품에서 되풀이되는 주제다([2010] 2012 참조)—'저 반대편'에서 발견 가능한 철저히 다른 세계는 언제나 있다. 지금 여기에서 이 상처는 (나는 이렇게 부른다.) 여성과 의미 있는 관계를 만들지 못하는 주인공의 무능력에서 자신을 드러낸다. 어쩌면 이 상처는 심지어는 그의 초상화 사랑을 (어떤 면에서 예술은 기억하기의 예술, 이 경우엔 얼굴 기억하기의 예술이기도 하므로.) 유발했을지도 모른다.

앞에서도 논했지만, 이 상처는 예술가에게 '속하지' 않는다. 우리 역시 어린 나이에 여동생을 잃었을 수도 있고, 어쩌면 이와 비슷한 일을 겪은, 우리에게 소중한 누군가를 알고 있을 수도 있다. 그러나 우리 역시, 이 상처가 의미 있는 관계를 만들어내지 못하는 우리 자신의 무능력으로 어떻게 나타나는지를 느낀다. 어떻게 그것이 우리로 하여금 그 얼굴을 기억하게 하는지를, 어떻게 이와 같은 사건이 트라우마를 일으키고, 저류로서 가장 약한 표면에 균열을 일으키는지를, 우리 역시 느끼는 것이다. 왜 얼굴들이 이 상처를 가장 잘 표현하는지를, 어떤 식으로 그 얼굴들은 제 과거로부터 손상된 채 자기들을 드러내는지, 미래를 마주하는 데 그것들은 얼마나 취약한지를 이해하기 위해, 예술가일 필요는 없다. 심지어는 이와 같은 경험을 공유하기 위해, 인간일 필요도 없다.

그러나 이 상처에 천착해야 **하는** 이는 예술가다. 이 상처의 잠재적인, 예기치 못한 가능성 전부를 탐구해야 하는 이는 예술가다.

소설 앞부분에서 주인공의 전 부인은 주인공에게, 첫 데이트에서 그가 자기를 위해 그려준 스케치를 소지하고 다닌다고 말한다. 전 부인은 이렇게 말한다—"이따금 이 그림을 꺼내서는 다시 들여다보곤 해요. 아름다운 그림이에요. 이 그림은 내가 내 진짜 모습을 보고 있다는 느낌을 전해준답니다"(Murakami[2017] 2017, 56). 이것은 사실 멘시키가 도달한 결론이기도 하다. 그는 (비슷하게 재현하기를 거부하는) 그 초상화에 매료되는데, 그것이 자신에 관해 자신이 상상할 수 있었던 것보다 훨씬 더 많은 것을 말해주기 때문이다. 예술작품의 한계로 인해, 캔버스와는 아무런 관련도 없기 때문에, 거기에는 그가 보유할 수 있는 것보다 **더 많은 과거와 더 많은 미래**가 있다.

하나의 예술작품을 하나의 대상물이나 사물로 생각하는 것은 실수, 역사적인 실수다. 하지만 그 예술작품이 하나의 대상물이나 사물이 아니라는 사실이 곧 예술작품이 그런 것으로 **바뀔 수 없다**는 것을 의미하는 것은 아니다. 능 속의 시체처럼 전시된 채, 남은 시간을 그런 식으로 보내도록 강요당하는 예술작품은 나쁜 운명에 처한 것들이다. 어떤 작품은 종 항아리 아래에 놓이고, 파리나 방콕에서 전시되는가 하면, (실비아 플라쓰Sylvia Plath의 말을 빌리자면) 제 시큼한 공기 속에서 스튜처럼 끓고 있다. 불행하게도, 이런 일은 경이로운 예술작품에 너무도 빈번히 일어난다. 우리는 우리의 눈 바로 앞에서 예술작품이 숨을 헐떡이는 모습을 본다. 비극이 아닐 수 없다.

그 어떤 예술의 역사도 (예술이) 대상물화되는 사태의 끔찍함을 기록하는 법은 없다. (그 자체로 비극적인 작업일 것이다.) 하지만 또한 모든 아카이브, 모든 박물관은 똑같은 역사적 오류에 의해 눈 멀어 있다—예술이란 대상물에 관한 것이라는 오류 말이다. 그리고 매번, 분명히, 정치적인 이유로 이런 일이 자행된다. (예술을) 대상물화하는 것은 사회를 공고히 하는 것, 사회에 홈을 파는 것, 한 인간 집단의 '아카이브/그들의 대상물들'을 통해 한 인간 집단을 영토화하는 것이다. 대상물들은 언제나 발명되고, 언제나 상상된 공동체에 의해 생산된다. 하지만 그것들이 결정적인 역할을 수행하는 것은, 현재를 구성하는 종교적, 휴머니즘적, 자본주의적 균형의 실현 속에서이다.

근대의 박물관(이것은 확실히 서구 사상의 산물이다)이 교회와 마주한 광장과, 적과 마주하도록 만들어진 웅장한 대로grand boulevards와 공통점이 많은 공간에 건축된 것은 우연이 아니다. 포획을 위해 설계된 이 권력의 수단은 특히 19세기 이후에는, 오늘날은 그 어느 때보다도 더 확실히, 도시를 대상물화하고 있다. 19세기와 20세기 대중의 시선에 지나치게 종속적인 우리 시대의 건축물은, 너무도 흔하게 그 어떤 형태의 창조성과도, 그것의 야생성과 그것의 지구성earthliness과도 멀리 떨어져 있다. 그건 그 건축물의 상징적 형태 때문이 아니다. 무엇보다도 그건 그 건축물이 타자들에게서 기대하는, 즉 타자들에게 요구하는 행동 때문이다.

미셸 세르에 따르면, 시간을 멈추게 하고, 기성 질서를 존속시키고, 변화가 일어나지 않도록 예방하는 데 매우 능했던 세 종류의 (유사)대상물이 있다. 그는 토템과 무기와 돈을, 종교의 대상물, 전쟁의 대상물, 자본주의의 대상물을 언급한다. 흥미롭게도, 이 대상물들 또는 유사-대상물들은 (세르는 때로 이렇게 부른다.) 자기들이 행위하지는 않은 채, 영원히 지속되는 행위를 요구한다. 토템은 움직이지 않아야 하고 가만히 있어야만 하는데, 그래야 그것은 숭배될 수 있다. 무기는 사용되지 말아야 하고, 대신 전쟁을 막기 위해 비축되어야 한다. 돈은 지출되지 말아야 하고, 대신 소유되어야 한다.

이처럼 세 유형의 대상물에 조응하는 권력 기능은, 이 책에서 내가 분석의 중심에 두었던 현재의 종교적, 휴머니즘적, 자본주의적 현실의 핵심이다. 현재는 항상 이 세 가지 대상물들(과 그 파생물)을 중심으로 구성된다. 또한 이것들은 오늘날의 모든 권력, 그 역사와 미래의 그림을 그려낸다. 물론 그것은 모더니티의 '새로운 시간'만이 발명해낼 수 있었던, 근대적인 (그리고 이분법적이고 인간중심적인) 역사와 미래의 그림이다. 모더니티 이전에는 역사도 미래도 존재하지 않았다.

예술이 바로 그 현재와 맺고 있는 그 비뚤어진 관계! 예술이 아니었다면 종교는 사회적 삶에 근본적인 것이 되지는 못했을 것이다. 성직자는 예술가를 증오했는데, 예술가들이 성직자를 증오한 만큼 그랬다. 물론, 성정자는 권력을 유지할 것이다. 그러나 동시에 그 성직자는 자신이 무엇을 하든, 예술작품이 종교의 도그마를 계속해서 횡단하리라는 것을 알고 있었다. 신이 모든 것을 가능하게 한다고 말하는, 이전에 그려진 황홀하고 환상적인 회화들을 살펴보라—고딕 건축의 거칠고 야생적인 점토부터 천사들이 등장하는 서정시적 구름 그리고 난교파티까지.

군벌/정치가들에게도 같은 말을 할 수 있다. 그들은 최고의 작곡가들만이 생각해낼 수 있을, 저 영토화하는 리듬들이 없었다면, 자기들이 결코 성공하지 못했을 것임을 알고 있다. 광장에 서 있는 동상들이 없었다면, 왕궁들이 없었다면, 훌륭한 역사가가 없었다면, 그들은 무기력했을 것이다. 사용하기로 되어 있던 것도 아닌 무기들보다 훨씬 풍부하게 (전쟁의 시기에 그리고 평화의 시기에) 군사 행진/전쟁에 콘텐츠를 제공한 것은 북의 재료인 목재와 철, 금관악기의 재료인 구리였다. 그러나 어떤 형태의 전쟁에도 저항을 멈추지 않을 두 예술작품인 피카소의 〈게르니카Guernica〉, 지미 헨드릭스의 〈스매싱 오브 더 앰프Smashing of the Amps〉(다른 곡명은 더 스타스팽글드 배너the Start-Spangled Banner) 같은, 천재들과 작가들의 개입도 언제나 있었다.

자본주의 기업가들의 경우도 다르지 않다. 오늘날 지구 전체를 질식시키고 있는 자본주의 항아리가 머지않아 부서질 것이라는 희망이 우리에게 조금이라도 있다면, 우리에게는 예술이, 최고 수준의 예술이 필요하다. 물론 우리 시대의 예술(바이오아트, 현 시대의 설치 미술이나 공연 예술을 생각해보라) 안에는 언제나 이미, 현 시대의 자본주의와 그 생태적 착취가 초래한 결과에 대한 비판이 있다. 하지만 '이전'의 예술작품들 역시 우리 시대의 예술작품만큼이나, 지구의 포효와 함께, 현재에 맞설 능력이 있다. 낭만주의부터 매너리즘까지, 현재의 우화들을, 가능한 모든 현재들의 우화들을 쉽게 탈영토화하는, 과거에 창작된 무수한 예술작품들이 있다.

물론, 세르가 우리에게 제출하는 삼분 구도의 대상물들은 복잡다기해져서는 오늘날엔 종교, 전쟁, 자본의 여러 다양한 형물들이 되어 있다. 어쩌면 그 모습들은 이즈음 지나치게 추상적인 모습이 되었고, 그리하여 우리는 퍼스Peirce* 식 언어학의 도움을 받아 그 차별점을 새롭게 표현해야 할 것이다. 오늘날엔 성상적iconic, 상징적, 색인적indexical 형태의 권력들이 존재한다고 결론내리며 말이다. 그리고 그것들이 그 어느 때보다 더 확실히 현재에 홈을 파고 있다고.

예술은 이러한 현재와 함께하기를 거부한다. 예술은, 그 현재를 가능하게 하는 대상물들과 함께는 기능하지 않기 때문이다. 예술

---

* Charles Sanders Peirce(1838-1914). 미국의 철학자이자 수학자, 언어학자[기호학자].

은 **정확히 그 정반대의** 것에 관심을 둔다. 예술의 목적은 물질에 의해 중단되는 것이 아니다. 예술의 목적은 물질을 영원한 움직임의 상태로 만드는 것이다. 예술은 저류이자, 현재에 아랑곳하지 않고 물질화하는 이 창조성의 분출이자, 저 전례 없음이다.

예술은 영원히 중요하다/문제가 된다―예술은 하나의 대상물이 아니다⋯**예술은 대상물화한다.**

지구
—당신은 어디에나 있다

고통은 진실이다. 다른 모든 것은 의심의 대상이다!

쿳시Coetzee의 소설 《야만인을 기다리며 *Waiting for the Barbarians*》 (1982)의 앞머리에서 졸Joll 대령은 고문자로 등장한다. 그는 상처라는 진실이 어떻게 상상을, 즉 온갖 종류의 실재를 존재하게 하는지를 무척이나 잘 알고 있다. 모옌Mo Yan은 《탄샹싱 *Sandelwood Death*》([2001] 2013) 같은 소설들에서 이 주제를 담담히 다룬다. 천 번째의 상처에 도달하는 것이 고문자 **그리고** 피고문자의 목표로, 두 사람 모두에게 (피고문자는 죽지 않고, 고문자는 상처주기를 끝내지 못하고) 그 지점에 도달하는 것이야말로 궁극의 예술작품이다. 좀 더 정확하게 말해보자—손을 절단하는 기술(guizi shou)은 고문자와 피고문자의 관계로 환원될 수 **없다**. 이러한 실천에 인간적인 것은 아무것도 없다. 반대로, 그것은 피의 강을, 용의 피부를 드러냄을 목표 삼는, 꼼꼼함을 요하는 테크놀로지다. 그것은 역사상

가장 훌륭한 연극이다. 이 연극의 묘비명에 따르면, 그것은 분명 비극이되, (시간Time, 시간에 맞추기Timing라는 이중 역할을 맡은) 수많은, 각기 다른 배우들이 상연한 비극이다.

심지어 더 흥미로운 것도 있다―방드르디가 위대한 염소 앙도아르를 죽인 후 그것을 염소-연goat-kite으로 만들었을 때, 그는 염소로부터 연을 해방시켰던 것이 아닐까? 앙도아르가 날 수 있다는 것이야말로 방드르디에게는 가장 중요한 문제였다. 그 염소는 반드시 날아야 했다! 마찬가지로 우리는 그 강이 막혔으므로 흘러야 한다고 말할 수 있을 것이다. 그 용의 외피계통에는 평범한 피부가 아니라 비늘이 필요했다. 새로운 표면이 설치되어야 했고, 새로운 지구가 나타나려면 그 저류들이 기존의 땅을 범람시켜야 했다. 그러면 삶은, 다른 식으로, 다시 시작될 것이다. "모든 살아있는 존재자는 일종의 생존자다"(Serres [1982] 1995; 135). 또는 데카르트를 고쳐 쓴다면―"나는 고통 속에 있다, 그리하여 나는 변한다"(ibid).

고통은 진실이고, 열림이고, 균열이 발생함이다. 고통은 진실이다. 그건 고통이 사유의 '기원'을 낳아서가 아니다. 우리에게 새로운 동맹, 새로운 공명, 새로운 느낌의 울림들을, 그것들의 아이디어들이 발생할 수 있는 새로운 땅을 제공해주기에, 고통은 진실이다. 고통이야말로 중요한 무언가이다. 성직자, 정치인, 자본가들이 (유사)대상물을 재-설치하기 이전에, 새로운 땅이 탐험되고,

영토화되고, 탈영토화된다, 그 새로운 땅이 지구와 맺는 관계 속에서.

영토와 지구 사이의 이 관계야말로, 어떻게 관념들, 즉 의식의 내용물이 물질로부터 떠오르는지를, 왜 관념들이 오직 희박하게만 인간과 관련되는지를, 사유를 실제로 흥미롭게, 생동감 있게 만드는 것이 왜 관념의 움직임인지를 이해하는 데 중요하다. 사유한다는 것은 필연적으로 어떤 허용 범위-안에서 사유한다는 것이다. 기독교의 경계선에서, 국가의 경계선에서, 자본주의 경계선에서, 어쩌면 데카르트주의의 경계선에서 기하학자들은 땅과 바다를 배회한다. 이교도 신앙이, 토착 지식들이 드넓은 초원을 누비는 곳을. 패인 홈들이 그저 표면에 난 상처일 뿐인 그곳을. 그것들이 풍향이 바뀔 때마다 다른 방향을 지시하는 그곳을.

혁명은 제국의 중심부(모든 것이 가만히 서 있으라는 명령을 받는 곳)가 아니라 제국의 가장자리(모든 것이 움직임인 곳)에서 일어난다. 이 경우, 가면극 상연의 오래된 역사는 우리에게 무언가를 말해준다. '가면극을 하다'는 뜻의 'mumming'은 그리스어 'mummo'(어린 아이가 믿는 귀신이나 무서운 가면을 의미)에서 유래했다. 가면극은 이탈리아 가장무도회 행사로, 나중에는 16세기 이래 가장무도회로 알려진 다른 식의 궁정 오락에 흡수된 민간 풍속의 하나였다. 하지만 가면극의 역사는, 기독교 상류문화 바깥에서는 더 오래되었다. 하지만, 기원을 따져보면, 가면 쓴 자들mummers은 겨울 내내 영토 내 관행과 조직을 거부하며 가면을 쓴 채로 영토를 배회한 집단이었다. 아이들을 공포에 떨게 하며, 발길 닿는 집집마다 먹을거리를 요구하며, 해초와 생선 껍질로 만든 가면을 쓴 채, 예컨대 스코틀랜드 북부(오크니 제도, 셰틀랜드 제도), 페로 제도, 아이슬란드 출신인 이들 가면 쓴 자들은, 초승달이 시작될 무렵에 바다의 상상 생물들과 팀을 이루어서는 그 영토에 균열을 일으켰다. 인간과 비인간동물 사이에서, 낮과 밤 사이에서, 자연과 문화 사이에서 이들은 어떤 새로운 땅을, 도래할 어떤 새로운 봄을 추구했다.

무라카미 하루키의 작품 전체에는, 지금 여기의 자기들이, 과거나 미래에 발생하는 사건들의 피상적인 결과물일 뿐임을 잘 알고 있는 인물들이 등장한다. 이들은, 자기들이 '우연히 발생'하기 때문에 이곳에 있음을, 그런 일이 발생하는 동안만 자기들이 이곳에 있을 것임을 알고 있다. 《해변의 카프카》에서 조니 워커는 자신의 실존에 웃음을 터뜨린다. 그건 고양이들과 밤, 잘못된 곳에 있는 돌리는 돌에 자신의 실존이 너무도 종속적이기 때문이다. 《기사단장 죽이기》에서 주인공은 스스로를 '그저 하나의 아이디어'라고 줄곧 이야기한다. 이러한 아이디어를 실현하게 하는 물질은 어떤 그림 속 인물이었지만, 그것도 오직 주인공의 눈에만 보이는 것이었다. 기사단장은 오직 그림 속 인물을 위해서만 존재하는 하나의 아이디어인 셈이다. 또는 무라카미가 말했듯, 어떤 아이디어는 다른 자가 그것을 인식하고 그에 따라 제 형태를 취할 때만 존재하게 된다(Murakami [2017] 2018, part 2). 비슷한 식으로, 조니 워커는 오직 나카타를 위해서만 실재하는 자가 되는 것으로 보인다. 고양이에 대한 그의 사랑, 밤에 대한 그의 사랑, 그리고 돌리는 돌을 찾으려는 그의 노력이 사악한 조니 워커를 발생시킨다.

조니 워커와 기사단장은 둘 다 프란츠 카프카의 유명한 우화인 〈법 앞에서Before the Law〉의 문을 떠올리게 한다. 이 작품에서 문은 이야기의 원인이자 결과물이다. 하나의 삶이 이 문에서 시작해서, 같은 문으로 펼쳐진다. 그 삶만의 필요, 그 삶을 실행하는 이들, 그 삶만의 치명적 역사를 무대에 올리면서. 그리하여 무라카미가 무대에 올린 두 인물은 '순간들'로 여겨지는 것이 가장 맞다. 우리는 그 둘이 다가옴을 두려워한다. 즉, 우리는 그들이 떠날 때 안심한다. 그들은 이야기를 그러쥐고, 이야기 속 주인공을 새롭게 배치하고, 자기들의 실존을 위험에 빠뜨린다. 그들은 주체와 대상을 만들고, 생명을 위협하고, 죽음을 환영하는 순수한 힘이다.

《해변의 카프카》 전체에서, 기하학자이자 책의 저류로 흐르는 주인공인 나카타는 왜 자기가 지구를 계속 여행하는지 스스로 환기한다. 입구의 돌을 돌리기 위해서라는 목표를. 이 돌은 쪼개져서는 이쪽 면과 저쪽 면을 만들어내고, 각종 조직을 구성해내며 우리를 사로잡는다. 나는 나폴리로 여행한 적이 있는데, 그곳에서 조각가 코라디니Corradini의 작품을 만졌었다. 신성한 것을 돌 안에

베일로 감싸는 행위 그리고 돌로 된 베일은 극도의 조심스러움과 정밀함과 더불어 행해진 것들이다. 그 접힘/주름은 신성한 것을 다시 베일에 감쌌고, 내게 어떤 진리를 제시했다, 오직 나에게만. 그 진리는 한때 그것을 감싸고 있던 바위로부터 그 조각이 우아하게 해방시킨 영원이었다. 이제 그 영원은 단어들, 아이디어들에 의해 감싸져 있었다. 하나의 원점에서 하나의 운명적 사건으로 자신을 펼치는. 시간은 지나가고 또 다가온다.

나카타의 돌. 이 돌은 야생적이었나? 원시적이었나? 다듬지 않은 것이었나? 성상 이전에, 그 돌은 코라디니의 돌과 비슷한 목적을 수행하는 것처럼 보였다. 어떤 영토를, 어떤 시간을 확보한다는 목적을.

소설 안에서든, 조각 안에서든 돌을 돌리기란 일종의 탈영토화다. 그것은 물질만이 아니라 빛도 (그 빛을 치며) 변화시킨다. 키아로스쿠로Chiaroscuro*. 그것은 제 시각에서 그것을 끄집어낸다. 어디로? 성상파괴는 영토를 파괴하고 시간을 파괴한다. 더 이상 과거도, 미래도 없다. 우리를 허공 속에 내버려두고, 우리는 큰 위기에 처하게 된다. 어떤 언어를 지금 우리는 말하고 있나? 지금 우리에게 제 모습을 드러내고 있는 이 철저히 다른 지구를 우리는 어떻게 살 수 있을까? 시계학. 시간에 관한 연구.

* 밝음과 어두움을 극도로 대비시키는 미술 기법. 명암법이라고도 한다.

홍수가 물러가고, 물과 땅이 섞이고 비옥해지고 새로운 시간이 자신을 공표하고 있는 현재의 가장자리에서, 이교적이며 애니미즘적이고 생기주의적인 전통들이 (이 전통들은 늘 작동했었지만) 종교, 휴머니즘, 자본주의의 저류로서 자신들을 공표하고 있다. 오늘날 이 전통들은 울부짖고 있고, 꽥꽥거리고 있고, 지구의 소음을 만들고 있다. 햇빛 아래 서서는 정제유를 떨어뜨리고 있다. 이 전통들은, 우리 모두가 기하학자가 되어야 한다고 주장한다. 우리가 나일강이 샘솟는 곳 너머로 여행해야 하고, 하이퍼보리언들Hyperboreans*의 땅을 다시 찾아야 한다고. 바이러스, 민족주의/국가주의, 자본주의, 그리고 현 시대의 모든 위기들에 포위된 채, 나는 사제 요한의 새로운 편지가 곧 도착하기를, 지구를 위해서 소망하고 있다.

그리고 모든 이들이 이해할 수 있기를. 지구를 살아낼 때마다, 그 사람은 지구를 생각한다는 것을.

* 그리스 신화에 나오는 이들로, 저 북쪽 끝, 영원한 봄의 나라에 사는 이들을 뜻한다.

참고문헌

Allbright, Ann Cooper. 1997. Choreographing Difference: The Body and Identity in Contemporary Dance. Middletown: Wesleyan University Press.

Artaud, Antonin. 1976. Selected Writings. Ed. Susan Sontag. Oakland: University of California Press.

Bachelard, Gaston. [1958] 1969. The Poetics of Space. Boston: Beacon Press.

Barad, Karen. 1998. Getting Real: Technoscientific Practices and the Materialization of Reality. Differences: A Journal of Feminist Cultural Studies 10.2: 87–126.

Barad, Karen. 2007. Meeting the Universe Halfway: Quantum Physics and the Entanglement of Matter and Meaning. Durham and London: Duke University Press.

Bateson, Gregory. 2000. Steps to an Ecology of Mind. Chicago: University of Chicago Press.

Bateson, Gregory. 2002. Mind and Nature: A Necessary Unity. Cresskill: Hampton Press Inc.

Bausch, Pina. May 1985. Café Müller [Choreography].

Blanchot, Maurice. [1959] 2003. The Book to Come. Stanford: Stanford University Press.

Braidotti, Rosi. 2007. 'Bio-power and Necro-politics: New Ways of Dying': Institute for Human Sciences, University of Vienna, March 20.

Braidotti, Rosi. 2008. In Spite of the Times: The Postsecular Turn in Feminism. Theory, Culture and Society 25.6: 1–24.

Braidotti, Rosi. 2013. The Posthuman. Cambridge: Polity Press.

Braidotti, Rosi. 2019. Posthuman Knowledges. Cambridge: Polity Press.

Brecht, Bertolt and Kurt Weill. 1928. Die Dreigroschenopfer [Opera].

Borges, Jorges. [1989]1998. Collected Fictions. New York: Penguin Books.

Cache, Bernhard. 1995. Earth Moves, the Furnishing of Territories. Ed. M. Speaks. Cambridge and London: The MIT Press.

Carson, Rachel. [1962]2000. Silent Spring. London: Penguin Books.

Chamovitz, Daniel. 2012. What a Plant Knows, a Field Guide to the Senses. London New York: One World Publications.

Coetzee, J. M. 1982. Waiting for the Barbarians. New York: Penguin Books.

Colebrook, Claire. 2005. How Can We Tell the Dancer from the Dance? The Subject of Dance and the Subject of Philosophy. Topoi 24.1: 5–14.

Conway-Morris, Simon. 2003. Life's Solution: Inevitable Humans in a Lonely Universe. Cambridge: Cambridge University Press.

Crutzen, Paul. 2002. Geology of mankind. Nature 415. 23.

Deleuze, Gilles. [1969] 1990. Logic of Sense. London: Athlone Press.

Deleuze, Gilles. [1981] 2003. Francis Bacon: the Logic of Sensation. London and New York: Continuum.

Deleuze, Gilles. [1986] 1988. Foucault. London: Athlone Press.

Deleuze, Gilles. [1988] 1993. The Fold. Minneapolis: Minnesota University Press.

Deleuze, Gilles. [1990] 1995. Negotiations. New York: Columbia University Press.

Deleuze, Gilles. 2001. Pure Immanence, Essays on a Life. New York: Zone Books.

Deleuze, Gilles. [2002] 2004. Desert Island and Other Texts 1953–1974. Los Angeles, New York: Semiotext(e).

Deleuze Gilles and Félix Guattari. [1972] 1984. Anti-Oedipus: Capitalism and Schizophrenia. Minneapolis: University of Minnesota Press.

Deleuze Gilles and Félix Guattari. [1980] 1987. A Thousand Plateaus: Capitalism and Schizophrenia. Minneapolis: University of Minnesota Press.

Deleuze Gilles and Félix Guattari. [1991] 1994. What Is Philosophy? New York: Columbia University Press.

Derrida, Jacques. [1962] 1978. Edmund Husserl's Origin of Geometry, an Introduction. Lincoln, NE : University of Nebraska Press.

Derrida, Jacques. [1967] 1978. Writing and Difference. Chicago: Chicago University Press.

Derrida, Jacques. [1978] 1987. The Truth in Painting. Chicago: University of Chicago Press.

Derrida, Jacques. 1992. Force of Law, the Metaphysical Foundation of Authority. In: Drucilla Cornell, Michel Rosenfeld and David Carlson (eds), Deconstruction and the Possibility of Justice. London: Routledge, 3–67.

Derrida, Jacques. [2006] 2008. The Animal That Therefore I Am. New York: Fordham University Press.

Derrida, Jacques and Anne Dufourmantelles. [1997] 2000. Of Hospitality. Stanford: Stanford University Press.

Derrida, Jacques and Francois Ewald. 2001. 'A Certain Madness Must Watch Over Thinking' Refusing to Build a Philosophical System, Derrida Priviliges Experience and Writes Out of 'Compulsion'. A Dialogue around Traces and Deconstructions. In: Gert J. J. Biesta and Denise Egéa-Kuehne (ed) Derrida and Education. London: Routledge.

Deugd, Cornelis de. 1966. The Significance of Spinoza's First Kind of Knowledge. Assen: van Gorcum.

Dolphijn, Rick. 2012. Staying with the Trouble: Interview with Donna Haraway. In: Yes, Naturally. Rotterdam: NAi 010 Publishers, 108–15.

Dolphijn, Rick (ed.). 2018. Michel Serres and the Crises of the Contemporary. London: Bloomsbury.

Dolphijn, Rick and Iris van der Tuin. 2012. New Materialism: Interviews and Cartographies. Ann Arbor: Open Humanities Press/MPublishing.

Dolphijn, Rick and Rosi Braidotti (eds.). 2021 (forthcoming). Deleuze and Guattari and Fascism. Edinburgh: Edinburgh University Press.

Du Bois-Reymond Emil. 1883. Darwin and Copernicus. In: The Popular Science Monthly, June, 249.

Engels, Friedrich. [1891] 1976. De oorsprong van het gezin, van het particuliere eigendom en van de staat. Boom: Amsterdam.

Forsythe, William. 2006. One Flat Thing, Reproduced.

Foucault, Michel. 1966. The Order of Things: An Archeology of the Human Sciences. New York: Vintage Books.

Fraser, Murray. 2005. The Cultural Context of Critical Architecture. The Journal of Architecture 10.3: 317–22.

Freud, Sigmund. [1917] 2012. A General Introduction to Psychoanalysis. London: Wordsworth editions.

Gabriel, J. Philip. 2006. Spirit Matters: The Transcendent in Modern Japanese

Literature. Honolulu: University of Hawaii Press.

Gao, Xingjian. [1990] 2001. Soul Mountain. New York: HarperCollins.

Gaukroger, Stephen. 1989. Cartesian Logic: An Essay in Descartes' Conception of Inference. Oxford: Oxford University Press.

Gil, José. [1985] 1998. Metamorphoses of the Body. Minneapolis: University of Minnesota Press.

Gil, José. 2002. The Dancers Body. In: Brian Massumi (ed), Parables for the Virtual: Movement, Affect, Sensation. Durham and London: Duke UP, 117–27.

Gil, José. 2006. Paradoxical Body. TDR: The Drama Review 50.4: 21–35.

Gins, Madeleine and Arakawa. 2006. The Architectural Body. Tuscaloosa and London: The University of Alabama Press.

Gins, Madeleine and Arakawa. 2006. Making Dying Illegal. New York: Roof Books.

Graham, Martha. 1937. Artist Statement. In: Jean Morrison Brown e.a. (ed), The Vision of Modern Dance: in the Words of Its Creators. Princeton: Princeton Book Company, 49–53.

Haraway, Donna. 1988a. Situated Knowledges: The Science Question in Feminism and the Privilege of Partial Perspective. Feminist Studies 14. 3. Autumn issue.

Haraway, Donna. 1998b. Picturing Science Producing Art. In: C. A. Jones and P. Galison (eds), Deanimations: Maps and Portraits of Life Itself. New York and London: Routledge.

Haraway, Donna. 2007. Introduction: A Kinship of Feminist Figures. In: The Haraway Reader. New York and London: Routledge, 1–7.

Haraway, Donna. 2008. When Species Meet. Minneapolis: The University of Minnesota Press.

Harman, Graham. 2011. Quentin Meillassoux: Philosophy in the Making. Edinburgh: Edinburg University Press.

Heidegger, Martin. 1977. The Question Concerning Technology and Other Essays. New York: Harper and Row.

Jung, C. G. 1960. Synchronicity: An Acausal Connecting Principle. In: The Structure and Dynamics of the Psyche, Collected Works Vol 8. London, New York: Routledge & Paul Kegan Ltd.

Karatani, Kōjin. [2012] 2017. Isonomia and the Origins of Philosophy. Durham and London: Duke University Press.

Kohn, Eduardo. 2013. How Forests Think, Towards an Anthropology beyond the Human. Oakland: University of California Press.

Koolhaas, Rem. 2018. Elements of Architecture. Berlin: Taschen.

Kundera, Milan. [1983] 2009. The Unbearable Lightness of Being. New York: Harper Perennial Modern Classics.

LeineRoebana. 2011. Ghost Track [Choreography].

Lucretius Carus, Titus. [1924] 1975. De rerum natura (On the Nature of Things). Cambridge (MA): Harvard University Press.

Luther, John. 2013. Sila: The Breath Of The World [Composition].

Malabou, Catherine. [2007] 2012. The New Wounded. New York: Fordham University Press.

Malabou, Catherine. [2009] 2012. Ontology of the Accident: An Essay on Destructive Plasticity. Cambridge: Polity Press.

Massumi, Brian. 2002. Parables for the Virtual: Movement, Affect, Sensation. Durham and London: Duke University Press.

Massumi, Brian. 2009. Technical Mentality Revised: Brian Massumi on Gilbert Simondon. Parrhesia, 7, 36–45.

Massumi, Brian. 2011. Semblance and Event: Activist Philosophy and the Occurent Arts. Cambridge: MIT Press.

Massumi, Brian. 2014. What Animals Teach Us about Politics. Durham and London: Duke University Press.

Meillassoux, Quentin. [2006] 2008. After Finitude: An Essay on the Necessity of Contingency. New York: Continuum.

Mishama, Yukio. [1956] 2000. The Sound of Waves. New York: HarperCollins

Michaux, Henri. [1972] 2002. Miserable Miracle. New York: NYRB.

Moreau, Pierre-Francois. 1994. L'expérience et l'éternité. Paris: Presses Universitaires de France.

Murakami, Haruki. [2002] 2005. Kafka on the Shore. New York: Knopf Publishing Group.

Murakami, Haruki. [2010] 2012. 1Q84 (Three Volumes). London: Vintage.

Murakami, Haruki. [2013] 2015. Colorless Tsukuru Tazaki and His Years of Pilgrimage. New York: Vintage Books /Penguin publishers.

Murakami, Haruki. [2013/14] 2018. Men without Women. London: Vintage UK.

Murakami, Haruki. [2017] 2017. De moord op commendatore Deel 1: een idee verschijnt. Amsterdam: Atlas Uitgeverij.

Murakami, Haruki. [2017] 2018. De moord op commendatore Deel 2: metaforen verschuiven. Amsterdam: Atlas Uitgeverij.

Negarestani, Reza. 2008. Cyclonopedia: Complicity with Anonymous Materials. Melbourne: Re.press.

Negarestani, Reza. 2011a. Contingency and Complicity. In: Robin Mackay (ed), The Medium of Contingency. London: Urbanomic in association with Ridinghouse.

Negarestani, Reza. 2011b. Drafting the Inhuman: Conjectures on Capitalism and Organic Necrocracy. In: Levi Bryant et al. (eds), The Speculative Turn: Continental Materialism and Realism. Melbourne: Re.press.

Negri, Antonio. 1970. Descartes politico o della ragionevole ideologia. Milano: Feltrinelli.

Nietzsche, Friedrich. [1908] 2009. Ecce Home. Mineola NY: Dover Publications.

Nishitani, Keiji. 1982. Religion and Nothingness. Berkeley CA: University of California Press.

Parr, Adrian. 2013. The Wrath of Capital: Neoliberalism and Climate Change Politics. New York: Columbia University Press.

Perec, Georges. 1999. Species of Space and Other Pieces. London: Penguin Books.

Petit, Susan. 1991. Michel Tournier's Metaphysical Fictions. Amsterdam: John Benjamins Publishing Company.

Pindar, Ian and Paul Sutton. 2000. Translators Introduction. In: Félix Guattari (ed), The Three Ecologies. New York: Continuum, 1–12.

Rouse, Joseph. 2002. How Scientific Practices Matter: Reclaiming Philosophical Naturalism. Chicago: University of Chicago Press.

Rouse, Joseph. 2004. Barad's Feminist Naturalism. Hypatia 19.1: 142–61.

Ruskin, John. 1854. On the Nature of Gothic Architecture: And Herein of the True Functions of the Workman in Art. London: Smith, Elder &Co.

Ruskin, John. 1869. The Two Paths: Being Lectures on Art and Its Application to Decoration and Manifacture. New York: John Wiley and Son Publishers.

Ruskin, John and John D. Rosenberg. 1963. The Genius of John Ruskin: Selections from His Writings. London and New York: Routledge.

Said, Edward. 1979. Orientalism. New York: Vintage Books.

Sartre, Jean Paul. [1947] 1948. The Chips Are Down. London: Lear.

Serres, Michel. [1977] 2000. The Birth of Physics. Manchester: Clinamen Press.

Serres, Michel. [1982] 1995. Genesis. Ann Arbor: University of Michigan Press.

Serres, Michel. [1983] 2013. Rome: The First Book of Foundations. London: Bloomsbury.

Serres, Michel. [1987] 2015. Statues: The Second Book of Foundations. London: Bloomsbury.

Serres, Michel. [1990] 1995. The Natural Contract. Ann Arbor: University of Michigan Press.

Serres, Michel. [1995] 2017. Geometry: The Third Book of Foundations. London: Bloomsbury.

Serres, Michel. [2009] 2014. Times of Crisis: What the Financial Crisis Revealed and How to Reinvent Our Lives and Future. London: Bloomsbury.

Serres, Michel. [2010] 2012. Biogea. Minneapolis: Univocal.

Serres, Michel. [2012] 2015. Thumbelina. New York and London: Rowman and Littlefield International.

Serres, Michel. 2015. Le gaucher boiteux: Puissance de la pensée. Paris: Le pommier.

Serrurier, Cornelia. 1930. Descartes Leer en leven. 's Gravenhage: Martinus Nijhoff.

Shaviro, Steven. 2009. Without Criteria: Kant, Whitehead, Deleuze and Aesthetics. Cambridge (MA) and London: The MIT Press.

Simondon, Gilbert. 1980. 'The Evolution of Technical Reality: Element.

Individual and Ensemble'. On the Mode of Existence of Technical Objects. Canada: University of Western Ontario.

Simondon, Gilbert. 1992a. The Genesis of the Individual. In: Jonathan Crary and Sanford Kwinter (eds), Incorporations. New York: Zone Books, 297–319.

Simondon, Gilbert. 1992b. L'individuation physique et collective. Paris: Aubier.

Simondon, Gilbert. [2004] 2011. Two Lessons on Animal and Man. Minneapolis: Univocal.

Sorkin, D. 2008. The Religious Enlightenment. Princeton: Princeton University Press.

Spinoza, Benedict. [1677] 2001. Ethics. Ware, Hertfordshire: Wordsworth.

Spinoza, Benedict. 1995. The Letters. Indianapolis/ Cambridge: Hackett Publishing Company.

Spuybroek, Lars (ed.). 2004. NOX, Machining Architecture. London: Thames and Hudson.

Spuybroek, Lars (ed.). 2009. The Architecture of Variation. London: Thames and Hudson.

Spuybroek, Lars. 2011. The Sympathy of Things: Ruskin and the Ecology of Design. Rotterdam: Nai Publishers.

Tanizaki, Junichirō. [1933] 2001. In Praise of Shadows. London: Vintage Classics.

Tomkins, Calvin. 1965. The Bride and the Bachelors: The Heretical Courtship in Modern Art. New York: Viking Press.

Tournier, Michel. [1967] 1997. Friday. Baltimore: Johns Hopkins University Press.

Whitehead, Alfred North. [1925] 1967. Science and the Modern World. New York: Free Press.

Whitehead, Alfred North. [1929] 1978. Process and Reality. New York: Free Press.

Worringer, Wilhelm. 1964. Form in Gothic. Ed. Herbert Read. New York: Schocken Press.

Yan, Mo. [2001] 2013. Sandelwood Death. Norman: University of Oklahoma Press.

The Philosophy of Matter: A Mediation
by Rick Dolphijn

지구와 물질의 철학

초판1쇄 발행	2023년 04월 17일
지은이	릭 돌피언
옮긴이	우석영
디자인	디자인오팔
펴낸곳	산현재 傘玄齋 The House of Wisdom under Shelter
등록	제2020-000025호
주소	서울시 마포구 연희로 11. 5층 CS-531
이메일	thehouse.ws@gmail.com
인스타그램	wisdom.shelter
인쇄	예림인쇄
제책	예림인쇄
물류	문화유통북스

ISBN   979-11-980846-1-3(03160)

* 산현재傘玄齋는 기후위기로 대표되는 전 지구적 생태위기 시대에 긴요한 새로운 지혜의 집을 뜻합니다.